山西文华·著述编 梁园东史学论著四种

中国社会发展论集

梁园东◎著

《山西文华》编纂委员会 编

山西出版传媒集团
三晋出版社

图书在版编目（CIP）数据

中国社会发展论集 / 梁园东著．—太原：三晋出版社，2017.10

（梁园东史学论著四种）

ISBN 978-7-5457-1604-7

Ⅰ．①中… Ⅱ．①梁… Ⅲ．①社会发展—中国—文集 Ⅳ．①D668-53

中国版本图书馆 CIP 数据核字（2017）第 259679 号

中国社会发展论集

著　　者： 梁园东

责任编辑： 秦艳兰

封扉设计： 山西天目·王明自

出 版 者： 山西出版传媒集团·三晋出版社（原山西古籍出版社）

地　　址： 太原市建設南路 21 號

邮　　编： 030012

电　　话： 0351-4922268（发行中心）

0351-4956036（总编室）

0351-4922203（印制部）

网　　址： http://www.sjcbs.cn

经 销 者： 新华书店

承 印 者： 山西人民印刷有限责任公司

开　　本： 700mm × 1000mm　1/16

印　　张： 15.5

字　　数： 200 千字

版　　次： 2017 年 10 月　第 1 版

印　　次： 2017 年 10 月　第 1 次印刷

书　　号： ISBN　978-7-5457-1604-7

定　　价： 70.00 元

ISBN 978-7-5457-1604-7

《山西文华》编纂委员会

《山西文华》学术顾问委员会

《山西文华》分编主编

出版说明

山西东屏太行，西濒黄河，北通塞外，南控中原，是中华民族的主要发祥地之一。中华文明辉煌灿烂，三晋文化源远流长。历史文献丰富、文化遗产厚重，形成了兼容并包、积淀深厚、韵味独特的晋文化。山西省政府决定编纂大型历史文献丛书《山西文华》，以汇集三晋文献、传承三晋文化、弘扬三晋文明。

《山西文华》力求把握正确方向，尊重历史原貌，突出山西特色，荟萃文化精华，按照抢救、保护、整理、传承的原则整理出版图书。丛书规模大，编纂时间长，参与人员多，特将有关编纂则例简要说明如下。

一、《山西文华》是有关山西现今地域的大型历史文献丛书，分“著述编”“史料编”“图录编”。每编之下项目平列；重大系列性项目，按其项目规模特征，制定合理的编纂方式。

二、“著述编”以 1949 年 10 月 1 日前山西籍作者（含长期在晋之作者）的著述为主，兼收今人有关山西历史文化的研究性著述。

三、“史料编”收录 1949 年 10 月 1 日前有关山西的方志、金石、日记、年谱、族谱、档案、报刊等史料，以影印为主要整理方式。

四、“图录编”主要收录1949年10月1日前有关山西的文化遗产精华，包括古代建筑、壁画、彩塑、书画、民间艺术等，兼收古地图等大型图文资料。

五、今人著述采用简体汉字横排，古代著述采用繁体汉字横排。

《山西文华》编纂委员会

出版前言

梁园东，原名佩衮，字公宇，1901 年出生于山西省忻县（今忻州市忻府区）温村，1927 年改名为园东。其父梁际蓉是一位旧民主主义革命志士。梁园东从小在家乡读私塾，师从清末秀才梁哥九，熟读“四书”“五经”，为后来研究古史准备了初步条件。1916 年，15 岁的梁园东考入山西省立第一中学。1920 年，考入北京大学预科班，两年后入哲学系就读。1924 年，经王壮飞介绍，梁园东加入中国共产党。1926 年北京大学毕业后，他被派到武汉，参加了中国共产党领导下的全国农民协会的工作，后又被派回太原，任国民师范教员。其时，他是山西党组织的负责人之一，组织了“滂沱社”，筹办了《滂沱》杂志。1927 年“四一二”反革命政变后，他逃离太原，只身赴上海，因党组织已被迫转入地下，从此脱离了组织。他先后在上海劳动大学、浦东中学任教，在大东书局任编辑，最后在大夏大学任历史系教授兼主任。1937 年至 1946 年夏，他先后由大夏大学转湖南兰田师范学院、四川白沙女子师范学院、四川乐山武汉大学任教。其间，他积极宣传进步思想，热情支持学生们的爱国主义活动，博得“进步教授”的名声。1947 年，因参加武汉大学学生组织的和平促进会而被捕，此即震惊全国的“六一惨案”。1948 年，他参加了地下党领导的新民主主义教育协会。

1950 年 8 月，梁园东应山西大学校长邓初民和副校长赵宗复的邀请，任山西大学历史系教授兼师范学院院长。1953 年秋，师范学院独立建院，他被任命为山西师范学院院长，大力延聘教师，建立制度，重视科研工作，学院学习和学术空气相当浓厚。1956 年秋，梁园东受九三学社中央的委托，负责筹备太原九三学社分社，任主任委员。1957 年，梁园东被打成“右派”。1958 年 5 月，被撤职降级。1960 年，被摘掉“右派”帽子，恢复原级。1966 年，“文化大革命”开始后，被遣送回忻县温村老家。1968 年，突发脑溢血，于 1 月 30 日逝世。

在 20 世纪三四十年代，梁园东是一位与时代脉搏息息相通的文化战士，在各文史杂志上连续发表论文，与陶希圣、梅思平等进行论战，对顾颉刚代表的“疑古派”进行了有力的批评，与郭沫若商讨相关史事等。他的论文，一是有创见，一是面向现实，指导现实，是当时文化“反围剿”战斗的一部分。其 20 世纪 30 年代出版的著作有《中国文学史》《五代十国史》《爪哇史》《中国政治思想史》《外国史》等，20 世纪 50 年代出版的著作有《中国现代史》《中国政治社会史》等。其较有创见的论文有《十年来之中国外交》《中国社会的基础》《中国社会的前途》《中国社会问题的核心——实在组织问题而非经济问题》《〈古史辨〉的史学方法商榷》《伪书讼冤导言》《清俞正燮的史学》等，计 40 余篇。

梁园东先生对中国史的研究颇有见地，其有关著作，至今仍站在学术前沿，对中国当下史学研究的方法及视角都有较大的启迪。所以，我们将其有关著作辑为《中国社会发展论集》、《中国政治社会史》、《梁园东史学论集》（全二册）、《中国原始时代的图腾氏族》（手稿影印），收入“山西文华 · 著述编”，是为“梁园东史学论著四种”。论著所收梁园东先生的著作大多作于 1949 年前，个别著作作于 1949 年后，但由于研究范畴及研究思想一以贯之，且 1949 年前已个别论及，1949 年后为深入论述，故酌情收录其中。

《中国社会发展论集》为其 20 世纪三四十年代社会发展类论文

的结集，颇有创见及学术意义。

《中国政治社会史》1954年曾由群联出版社出版了三册，探讨中国社会演变发展的规律，说明其演变发展的实况。

《梁园东史学论集》为其20世纪三四十年代文史类论文的结集，包括历史观、研究历史的方法、中国历史的相关问题等，基本上可以显示其学术思想的概貌，1991年曾由姚奠中、梁归智先生选编，由山西人民出版社出版。此次重新整理，将其发表于各杂志的十余篇读书提要附录于后，更为直观地显示了作者的治学精神。

《中国原始时代的图腾氏族》为手稿本，此前未出版过，深入探讨了中国原始部落的图腾。需特别说明的是，《中国原始时代的图腾氏族》一书为未完稿，个别章节只完成了一部分，个别有修改、批注的稿本，因整理者早年复印时未复印全，也有部分缺失，但现原稿已失，无处补充，只得留此遗憾。此外，《释子》《〈禹贡〉写定时代的新考查》《华夏名称及其种族的考查》三篇也为手稿，未公开发表过，鉴于其具有较高的学术价值，故作为附录，附于《中国原始时代的图腾氏族》一书中。

此次出版，与梁园东先生的孙女梁爰如女士协商，对原著作进行了少量的修订，主要是改正了一些错别字和较为错乱的标点符号，修订了个别史料。鉴于论著及文章多发表于20世纪三四十年代，语言具有鲜明的时代特征及个人习惯（如“感觉兴趣”），个别词语的用法虽不符合今日习惯，但古文中多有之，《现代汉语词典》中也时有收录，故一仍其旧，未作统一与修改。同时，很多译名与今译名多不同，仍保持作者当时的译名习惯；作者文中有个别英语、法语等外语，为作者当时的写法，不作修改；很多地名为作者写作时的地名及行政区划，也未作修改。兹略举数例，如下：

“根原”“来原”“原于”中之“原”，现均为“源”，论著因作于不同时期，多作“原”（主要见于《中国社会发展论集》《梁园东史学论集》中），个别著作中作“源”，未统一。又如“计画”“撤消”“身分”“雅片（鸦片）”“句践”“稍为”等，《现代汉语词典》中录有相关词条，故未作修改。又如“支拄”“发见”“冒然”“澎涨”“连络”“连系”“真象”“付与（赋予）”“征伏（征服）”等，为当时用语，未作修改。其著作中对“的”“地”“得”不作区分，多为“的”，除“不值的”“使的”等个别改为“不值得”“使得”等外，“看的懂”“迫的急”“变的强大”等，一般不作修改。“哪”多作“那”，“它”多作“他”，“做”与“作”则混用，“绝不是”“绝不止”则多为“决不是”“决不止”，诸如此类，也保持其原文，未作修改。“著”旧与“着”个别意思通，故书中多有“随著（随着）”“著重（着重）”“存在著（存在着）”等，也一仍其旧。此外，关于文献名称，多简写，如《史记》简作《史》，《汉书》简作《汉》，颜师古《汉书注》简作颜师古《注》，昭公七年简作昭七年，等等。或省略《史记》《汉书》等，直接作《××传》。若前文已提及所述人物或史料，也直接作《传》《注》。个别史料名称不够准确，如《史记·太史公自序》作《司马迁自序》或《自序》，《史记·秦始皇本纪》作《始皇本纪》，《三国志》中《魏书》多作《三国志·魏志》，等等。其他如郭沫若的《周代彝器铭中无五服五等之制》，梁先生著作中作《周金文中无五服五等之制考》，诸如此类。为保持作者行文特色，未作修改。个别文献也如是，引用不是很严格，但基本意思与原文献同，仅略微作了修改。

限于学识和时间因素，漏校、错校之处在所难免，敬请读者明鉴。

三晋出版社

2017年10月

目　录

中国社会的基础

一　和陶希圣、梅思平两先生商榷

中国的社会,究竟是什么样的社会?支拄中国社会的中心势力,究竟是那一些人,那一种阶级?关于这个问题,近来陶希圣、梅思平两先生,都有很确实的意见发表。陶先生主张中国至现在还是宗法势力、封建势力下的“地主阶级社会”;梅先生主张中国自封建制度衰落后,即转入“商业的资本主义社会”。这两个结论,看去虽然不同,其实都有同样的价值,两先生的确把二千年来把持中国社会的两种势力指出来。据周佛海说,两先生因为意见不同,一见面就要辩论,仿佛怕打起来的样子,要教人加入讨论。在我看其实不必的,两先生只要把这两种势力发展的阶段稍为看短一点,这个问题,即可解决。陶先生所指的“新地主阶级”,绝不像封建时代一样的有势力——他不能单独存在,做社会的中心;他的性质,已完全是商业化的;其地主地位,全由资本买来。这和封建时代有领地权的诸侯地主完全不同。陶先生虽然曾说,封建制度破后,封建势力还存,后来的商业,即为这种势力所桎梏。但其实新地主阶级的构成,一半固由于封建势力的存在,而一半却是商业的发达所造成,假若秦汉以后完全没有商业,或者只有很小的作用,和封建时代一样,那就以地主做基础的封建制度且不会打破,不论其他。这样就把秦汉以来的商业完全抹杀。陶先生有了这个漏洞,所以梅先生就乘隙而入,着眼在商业发达的情形上，主张中国是“商业的资本主义社会”。但梅先生却又把中国的商业提得位置太高，遽当作欧洲工场制度发生以后的商业资本主义。其实中国的商业只不过恰到了“交易”的分际，若说他能制造商品，有左右地方经济、支配国家的势力，那他单独还不够。这就是说，中国从前的社会，尚不需要这样发达的商业，所以他也不能独自做社会的中心。梅先生尤其错误的，是自己明把商人地位提得那么高，而却把商业的生命——工业压到最下；只吹嘘商人投资的能力，而对于其资本得来的方法却毫未提及。须知商业若没有大量的生产品供给他，那他的势力，无论在资本方面或在需要方面，都不能十分雄厚起来，那就支配小的国家，如希腊之类，也未必够得上，何况这样庞大的中国。但中国的工业发达过没有，梅先生自己很知道，所以把他压到最下。梅先生的这样看重商业，尚远不如陶先生的看重新地主较真一点，所以陶先生也不能承认他。

但我们要认清，陶、梅两先生的确把封建制度破后支拄中国社会的两种势力指出来。不过这两种势力，各自都不能单独存在。封建破后，新地主之能代替大地主的贵族阶级，正因为商业发达的原故。至于把地主的贵族阶级打倒，而商业在秦汉以后的存在和发达，乃完全因为新地主阶级之产生和确立。在这种场合之内，一方面新地主不能扩大成封建时代的大地主——他独自不够存立，需要商业的存在，他方面商业不能发展成资本主义似的势力——非地主阶级所需要，所以秦汉以来的中国社会，只成为地主阶级、工商阶级都不发达的“小资产阶级社会”。换句话讲，乃是既非纯由地主做基础的封建社会，也非工商业做基础的资本主义社会，而乃是小农、小商业和一点小手工业合组的社会。这些势力看去虽是小，各不如他们的在封建时代和近代欧洲社会的势力之大，但是合拢来普遍的都是小资产阶级，那末他们所需要的政府，所需要的思想学说，所需要的各种组织，就当然须按他们的口胃规定，才能存在。这就是说，自秦汉以来的中国社会，除过小资产阶级以外，再没有大过小资产阶级的势力，所以中国的政府是代表小资产阶级的政府，中国的思想学说是适应小资产阶级的产物，中国社会的各种组织都是小资产阶级活动的成绩——小资产阶级，是中国社会的中心势力。

附注：本篇所谓“小资产阶级”，自有他们的意义，绝不可与近来普通所谓小资产阶级相混，这个名词的用意，只是要指出中国社会从前那种生产和交换方法的经济状况。若只从他们的社会形态来说，似应称为“农村商业社会”。若作一般应用，当以这个名称为妥。

这话怎么讲呢？现在把我的理由简单写在下面，很诚恳地请陶、梅两先生和读者指教。

二　封建社会成立的条件及其破裂

欲说明中国秦汉以来的社会，须先了解一点封建社会的成立和破裂。

所谓封建社会，即是允许封建制度存在的一种社会。这种社会，在人类各民族间，都曾经过或正在经历，不过通常以纪元后八九世纪间的欧洲和周时的中国，为最明显。这种社会的表征，在普通历史书上可以看到的是天子的分封宗室，公、侯、伯、子、男的诸侯，公卿大夫的食邑、采邑，西洋史上又会看到什么武士、Vassal、Subvassal等。更详细一点，可以看到他们的土地制，贵族和平民的阶级制，以及严尊卑、别上下的礼制，“爱民如子”和“臣服之礼”(Homage)的封建组织(Peudal bond)，也就是他们那时的思想学说等等。但不论这些表征有多少，而这个社会之所以成立，却都依赖一个经济条件，即是必须在一地域的经济生活可以自足，他们的组织才可以成立。为什么要这样说呢？我们如看比封建社会更前一点的“部落社会”，或说“原始共产社会”，他们大不同的地方，只在后者的生活大都是游猎各处，无一定的住居，而在前者，却可以定居一个地方，终身生活下去。这个生活形式的不同，没有别的，乃是由于他们生产方法的不同。封建社会，是农业发明以后的社会，他们可以用劳力向自然界生产以满足需要。而在游牧时代，尚完全不知农业，他们生活的必需品，只有肉食和毛皮等，这些天然物，当然不能限于一个地方都有，必须这里没了，再向那里找去，结果，那时的人，简直不是生产，只是找产。曾有人计算，那时一个人的生活，必须有三十万亩大的地方，才能满足一生。这话并不过火，实际上那时一部落要限于一地方生活，无论如何是只有灭亡的，所以必须找去。这就是说，那时的生产方法，不能使一地域经济自足，故其现象为游猎、游牧，而它的一切组织，也在这条件上建立。但到农业发明以后，一地方土地产出来的东西，显然可以供给许多人，于是原先的部落，就不必再常时迁徙，四处去找，只要择一肥沃地方住下，安心耕种就够了。这许多部落住下以后，所生的文化又不同，普通称作“氏族部落社会”。但这个社会，绝不会长久，环境不好一点，立刻就有较野蛮的部落侵入。这种部落侵入以后，他们自会觉着这个社会内的土地是极重要的产业，而农民又是极重要的工具，于是就把各小部落征服，没收其土地、人民，做他的领地和奴隶，分封宗室到各地去就食，称为诸侯（Lord），实际就是地主，以设立封建时代的国家。这种国家的特点，是并没有政治上的统一组织，诸侯对天子的义务，只有朝觐、贡方物，此外各国的风俗习惯、语言文字以及其他设施，都不必相同，只是各自为政。而且这个国家里边，尚显然允许不同氏族的部落存在，而且这些部落，又显然是从古代遗留下来的，从古代到那时并未移动过，如周时的唐、杜、六、寥、陈、宋等，所谓古帝后裔国。据顾栋高所考，在周时还有二十七国。不论这些国是不是都臣服于周，而他们那地域的经济生活可以自足，遂能传下来，这是无可疑的。这种种事实，都可证明所谓封建时代的封建各邦，都只是一个经济自足区域，由农业生活，使他那部落的人，都能足用，遂不必如游牧时代的常时迁徙。因这种原故，才能产生不变的世袭的诸侯，以管领那地域的土地、人民，成立地主和农奴的关系，安心生活。这便是封建社会成立的基础。

但是我们看封建社会的这种基础，是很危险的。假使人口一多，需要增加，他那地域的产物，无论如何丰富，总未必能赶得上这种人口自然的膨胀力，况且他上边又加上不劳动的贵族阶级剥削，连带的还要供养说是保护他们的兵士，结果，在那地域本已有经济不能长久自足的危险，何况又加上许多剥削。加上剥削，没有别的，只有促进那种不足的感觉立刻来到，于是一地域生产出来的东西不够用了，米麦、谷子不够吃了，丝麻不够穿了。不够了怎么办呢？按经验说起来，他们只有仿照不会生产只会找产时代的老法子，四处游种去。但这个法子，在这时代已经用不通。这地方人口多，那地方人口也多，这地方有诸侯，那地方也有诸侯，初时或者还能稍为游种一点不要紧，但是越游越挤，挤在一起都急了，不免打起来。这时的诸侯贵族呢？他们的龙子龙孙，自然也是越生越多，财用不足，更尽力剥削，“彻”不足再二之，但“二吾尤不足”，眉头也皱起来，于是也极力扩张地盘，试演梁山的火并，结果把周初所可考见的二百余部落国家并成十四个，十四个更又并成七个，终于合拢成一个。但是这么并一并，就可解决问题么？不是的。在诸侯兼并小百姓相打的时候，固然死亡枕藉，可以减少许多嗷饭的，但同时活的人也不能安心生产，所以要说战争能够解决社会问题，那不只是呆子？实际上乃是在这种感觉不足、生出困难中间，有许多人绞脑汁想法子。从来社会上聪明人多的很，有的说是我的地盘小，所以不够用，于是想出法子去吞并——这是齐、晋、秦、楚的霸君。有的说是这算什么不足,只是人心日趋诈伪,不安心做羊,于是想出法子铸刑书、齐法度——这是子产、管仲一般政治家。有的说这都是好好的老百姓,都被什么圣智教坏了,假如"抛斗折衡",让他们老死勿相往来,还有什么乱事——这是老子。又有的说,啊,你们都不对,这只是诸侯们不好的原故,假如都能效法尧、舜、文、武,真的爱民如子,各行仁政,不要过于剥削,"民岂好乱哉"——这是孔、孟一般人。如是如是的法子多的很,可惜药性都走不到病上。霸君的法子自然痛快,可惜地方没有无限大,人口却会无限的增;严刑峻法,倒不如与他们以饿死的权利好听;老子读的书多,经验也富,知道封建初期一地域的经济可以自足,然而行不通了;孔家的话虽迂阔,倒还稍为对病,但是"百亩之田,勿夺其时",虽就是永久不扰他,也未必便能永久无饥罢?"八口之家",乖乖多了怎么办?所以这许多法子,有的不能用,有的虽能相安一时,但时间来的快,马上就是二时,于是霸君死了,大政治家也亡了,老子、孔子都咳的一声归天去了,留下的仍然还是乱,老百姓依然还是受痛。眼看的这些医生都不济事,汗总得从病人身上出,于是有效的办法出来了,问题解决了,社会也平安了。这个伟大的法子是什么呢?原来是我们所认为极平常的而为那时许多小百姓渐渐试用有效而发展出来的"商业"。

三　商业的发达及封建制度的破坏

这个商业,在我们现在看起来固然极平常,而且有时候还厌他的敲诈剥削,从中渔利,然而他实在是救济一地域经济不能自足最好的办法。在封建社会破裂以后,原先的游牧、游猎既走不通,游种更不成话,遂逼迫的一些人出来,专门把出产多的地方,搬到需要的地方,这样互相交易,互相流通,有多余的,既不至白费,感缺乏的,也不至困起，大部分人一点不用移动，只要少数人从事这种职业，自然可以使无论什么地方的人，经济上的需要都满足了。这个办法，至现在全世界的人类都还用着，所差的是现在要格外来的凶点。不过，这种商业，虽是救济封建社会的良药，但却不可说在封建社会初期就绝对没有商业，春秋、战国时代商业虽盛，而他的许多发明者，恐怕还远在夏、商时代，前虽有了萌芽，直到这时，需要增加，更发达起来罢了。

这种商业发达以后，自然在社会上占有很大势力，对于封建社会的各种组织必有一番改革，于是封建制度即在这时破坏。

本来封建制度的基础，就建在那种一地域经济自足的封建社会上，某地域内的经济既可自足，于是征服者遂能把这个地域的土地、人民霸占起来，分封子弟、家臣，令督促劳役、征收租税——租税已是后来的观念，在初时实在的名目，只是贡方物，耕公田，出车马，供布帛，甚至献玉、献鹅等。这种状况，完全和现在地主对于佃户的关系一般，所以从政治学来看，那时有的是天子、诸侯、大夫等，而以经济史来说，其实只是一般大地主。我们看了《红楼梦》上庄头乌进孝“回爷的话”，简直不用再读封建史！那末一地域的经济永久能自足，这一般大地主自然也可以永久安享其福。可是经济自足的条件，既不能存在，封建社会根本发生了问题，给他服役的奴隶，都不得不跑开来另谋生活，这般地主又焉能安坐其位？等到这个社会的救星出来，商业发达了，这般地主天然的又来强迫商人，替他服役。可是这些商人，就和种地的人不同。首先他的腿长，不必限于地域，诸侯们迫的他急了，他或者另到别处，或者根本歇业，结果诸侯们也是吃亏。而且假若就是他情愿供养诸侯，但他所要的交换条件，却和农民不同。农民只要地主不勒索超过收获百分之五十以上的租税就够了，但商民除过这个最低的条件以外，他还要求有往来各地的自由,有转运货物的自由,更需要诸侯们把往来的道路修理平坦,把可以被抢劫的种种危险免除。这种种噜苏事情,使得他和诸侯的关系,已不能仍是佃户对地主的关系,而是现在我们所习见的政治关系。我们不要疑惑这些要求太琐碎,其实在那时是很重大的事体,试看十三世纪英国的封建制度将破裂时,商人强迫国王把这些条件都载在所谓《大宪章》(Great Charter)里边。这种关系的变动不打紧,恰使封建主的身分和地主的地位同时发生动摇。

首先封建主的分封子弟占领各地,已完全失其效力,所有的地方未必都是商业发达的地方,封出去不见得就能养活了,假若坐领那里,还得这里供给,那就不啻是说不必去就食,都在这里静候供给好了。于是诸侯们就不再去封建,只很省事的派几员官吏,把守关市,或饥或征好了。这一下图省事,他们不觉着,暗暗把自己封建主的身分给取消,同时自己已不纯粹是地主,至多只是有政治权力的首领。以后渐次推广,在农民的范围以内,也设官取税,或称大夫,或称尹,或称邑宰。总之,地方制度发生了,封建制度就不得不退位。

但是这还不算,还有更厉害的一着。假若事实上只如此简单,那就有人会说,各处的地方官或收税的官吏,都派他的贵族子弟终身做去,还不一样也是封建?其实并不一样,从前那样封出去是地主,这回派出去是官僚,各地主领地经济都可自足,故除过对最高的天子、诸侯贡一点东西以外,互相谁都可以不管,政治上、经济上都可自由设施,而官吏的性质之下却不能。他的所以设官,正是因为这地方征收可多,那地方没有,遂须都集到一处,再行分别供给各地的需要,假若再像地主们的各自设施,自必会有的地方乱起来。所以不得不只派一种惟有奉从命令、没有擅权性质的官吏去办理不可。所谓派官吏者,正是因为这种原故,需要中央集权。这中央集权,是把各地的治理全权，都集到一个皇帝身上，于是封土建国、各自为政的分权制度，更不能成立了。

但是这也不算，诸侯贵族子弟，照这样说来，虽不能终身做地主，但是仍然可以专有做官的权利。谁知同在一个经济条件之下生出来的东西，要倒都得倒，封建主的身分倒了，地主的地位倒了，封土建国的制度也倒了，这个封建社会中特有的贵族一阶级更须倒。这时由大地主一变而为政治首领的诸侯，他所需要的，和部落时代不一样，这时他决不怕他的贵族子弟饿起，而只在注意商人的偷漏、农民的暴动，尤其注意扩张地盘能有效。这样，他的选派官吏，自不必以贵族不贵族为准，只要看办事能不能有效，若非贵族的平民比贵族更能有效，那他的贵族子弟，同样也可以舒服了。所以虽在春秋初年，齐桓公对管仲有射钩之仇，都可用他，甚至听到一个放牛小子歌唱的好，也能用他。可见他们虽在封建制度初破裂时候，也能知道用人的标准。这样一来，贵族虽还可以有“群公子”，但是他们只去纳福好了，不必非上政治舞台不可。于是除过寡人一个以外，贵族一阶级也没有地位了。说也可怜，这个阶级一倒，由亲疏的别礼，一别开来，竟有把原先的贵族逼的讨饭的。

由以上三点，我们可以看出封建制度的破坏是很自然的。但是我们还应追回来问，这三件事，都是有利于诸侯的，诸侯自己情愿去干的，和商业势力的兴起有什么关系呢？原来这叫做“文化的经济决定”。这种封建制变成地方制，地主制变成官吏制，分封制变成中央集权制，都是因为经济生活改变的结果。从上边已可看出封建社会经济自足的条件不存在，逼出商业，由商业的发达，诸侯们为取得供养计，不得不改变各种组织，遂把地主与佃户的关系，一变而为政治的关系，生出许多新现象。这种关系的变更，正是指出商业在经济生活中的重要和在社会上势力的扩大，换句话讲，即是旧日封建社会中的地主贵族阶级，已不能再做支配社会的中心势力，代替之者，乃是新兴的商人阶级。

这种阶级极端的发展，就是近代欧洲的商业资本主义社会。但是这种阶级的成立，要在社会上取得相当地位，固然容易，但若要额外的发展，却是需要的条件很多。详细说来即是他在封建社会人口发展以后，救济经济不能自足的裂痕，稍为把天产物富足的地方，转运到缺乏地方，固很易办，但是如果需要太多，只一点天产物不够，或是天产物实在稀少，都需要大量的制造品供给时，他就必须和另一种势力合作，才能尽力发展。这另一种势力，就是工业。所以商业只能暂时救济，不能永满欲壑，没有工业，就把他的生命失掉，所以但凡说到商业的资本主义，社会上至少也有手工工场的发达，这是第一点。另外，还有根本的一点是，商业的发达，固需以工业的发达与否去衡断，但是无论工业或商业，他的发达与否，绝不是由商人或工人的自由意志去决定，他究竟还须看社会上需要那末大量的生产和转运不要，如果另一种生产方法产出来的东西已可供给，自然就不需要十分凶的商业。这一点就很麻烦，使中国和欧洲，虽同样在封建制度破后而新成的社会，却愈往后走愈不同。这个问题，还不是工业发达不发达的问题，正经乃是需要他不需要他的问题。怎样说是不需要呢？现在且说中国封建制度破坏的另一种势力。

四　封建制度破后农业生活的重新确定

原先在封建制度之下一地域经济不自足时候，有商业起来为之救济。但我们试再进一层追问，究竟感觉不足的是什么呢？虽详细说来，也不过是些稻、粱、菽，麦、黍、稷，油、盐、酱、醋、茶，煤炭、布帛、丝麻——肉类还未必需要——自然不是酒精、硫酸、单宁、石油。但是这种缺乏，是古代一部落社会、一封建国家，限定于一地域内生活才感缺乏的。比方齐国临海，多产盐，而河南各国大都不足；米麦、丝麻，郑、卫、楚、宋多产，而齐、鲁却感不足。俱如此类，若限定一个地域，老死不相往来，自感不足，但只要把这个地域扩大，自然就可足了。所以若把中国这个地方分为不相知道的二百多个小国，自然要困难，即并成各自独立的十四个，也不便当，甚至只剩七个，也不能成为什么都丰富的经济自足区域，所以最好是统为一个。这样兼并、统一，实际上就有改变经济不自足的一个小地域，变为可以自足的一个大地域的意思在里边。等到统一了，这个不自足的问题解决了，东西南北虽辽阔，自然有商业转运。

但我们不要误认这种由小变大的发展是什么齐桓、晋文、秦始皇的能力，实际乃是社会上经济生活的要求，他们的混打混战只是这种要求时期的表征，不然秦为什么不直向西，晋为什么不向北，楚为什么不向南，而都故意要往黄河流域挤呢？挤到这里不为别的，只是要“国富民康”。现在如再看他们挤的把政治区域减少了，而社会上的状况又如何呢？首先，新兴的是商业，定居很高的位置，这在前边已经说过。其次乃是旧有的农业生活又得到确定的机会。农业的重新确定，实是天然的结果。本来从前那种不足，并不是沃土变成沙田，完全不产的不足，像古代的阿拉伯，水地变成大沙漠，逼的闪米特族一齐跑出来，他乃是经济学上的不足，即是需要的或者产量很少，而不需要的倒反剩下来，这样，多出的无用，不足的倒是真的缺乏，所以那时的农业生活发生动摇。等到商业兴起，经济区域可以扩大，于是不足的自可源源而来，多余的也可借商人运到别处，换回有用的东西，这样农民就鼓舞起来，只尽管出产本地所能出产的东西好了，原先视为无用的，现在认为和必需品同样的有用。于是农业在封建社会以后，仍然保有其势力。

农业生活既经确定，也就是说一般人又感到农业的重要，自必仍在一地方安心住下，不像从前的弃农乱跑，有返到游牧时代游的倾向，于是立刻发生了土地所有的问题。这个“所有权”，在从前本是不成问题的。封建时代，诸侯以势力强占土地，说是他的封土领地，领地内连土地和人民，都绝对属他所有，自然不发生这个问题。那时的人民，虽不至真如“二十受田，六十还田”这样的纯粹无产，但的的确确人民不能自由使用或支配他们所住的土地，倒是千真万确的。但是这时诸侯既不封建，这些土地该属谁所有呢？这个问题，若遇到“率尔而对”的子路来答，自然要说是天子的、诸侯的，更聪明一点说是政治首领的。但是属有固然是他们所属有，而实在乃是要问支配权究竟该放在谁手里呢！也放在政治手里罢，实行均产，固然是好，可是怕他们没有现代的眼光，受不了那种噜苏。子、男五十里，伯七十里，至多公、侯也不过百里，这样鸡犬之声相闻的小国，那种受田、还田的办法还觉着是理想，何况经济不自足需要区域扩大，人口也多，而且官僚组织又都简单的古代国家，那能办来呢？于是绞脑汁的结果，毅然从地主的诸侯手内，把这种支配权，交给老百姓。不过加上一种条件，无论老百姓怎样去支配这块土地，但是凡是一块土地，虽不生产，也得按亩纳税，做养活他们的资料。这样又生出一种新现象，打破地主制，生出土地私有制。不过这个私有制，也和商业一样，当然也不绝对是始于封建破裂时代。大概古代自入农业社会即有了土地私有的观念，只是那时的私有，未必是一个人或一家的私有，乃是一部落的私有。那末部落的酋长，支配这土地的权力，当然要比其他人大一点。等到封建时代，上有天子，中有诸侯，下有大夫，最下乃是平民，这样把所有权瓜分开来，轮到平民头上，虽不至零，也就少的可以了。因为这种现象，在西洋和中国遂有两种不同的解释。西洋的学者以为那时所有权的观念是“重叠的”，即是上自天子，下至平民，都有一点私有的权利。但在中国，却说是

"二十受田,六十还田",若照这样,平民就毫无私有权利。这两种解释,儒家或者太理想,西洋的说法也许对。不过无论怎样,在封建社会中,平民支配土地的权力,虽不至完全没有,也是等于零的稀少。直等到这种社会要破裂,靠支配土地权力吃饭的地主诸侯,实际上单靠这个已经不够,而且另外又有了新的收入,遂把这种土地权完全交给平民。他只是如对待商业的一样,只要征收租税,坐着吃好了,这样又把地主的身分自行取消,以后就活在这些纳税人的手中。

不说地主的糊涂,且说那时的平民,自得到这种权利,真是欢喜无量,无怪乎后世要追念、赞叹,说是"农奴解放"。于是解放开来的农奴,遂努力耕作,以报效君父,真如《商君列传》所说,"废井田,开阡陌,听民占田,任其所耕,世为永业。务使地尽为田,田皆出税,于是秦国大富"。但是这种现象,日子久了,又生出变动来,一班农民,他的子孙,有的好吃懒做,就把土地换酒吃了,有的爱穿,也换缎子穿了,更有的嫌晒脊背苦,拣了其他职业。这样一来,有许多农民,运用他的支配权,就把土地支配到别人家里。而人里边嗜好不同,有的却专门是土地迷,趁这些人放弃土地,他就尽力收买,结果他的土地积的很多,而一般放弃土地或从事其他职业的人,因流落与失败的结果,眼看不能生活,遂不得不和这些土地多的人订立契约,替他耕种,以冀三一三十一分些粮食出来,以养活自己。这样那些土地多的人,就不必劳动,只坐收租仔,俨然又变成封建时代地主的位置,连田阡陌,呼三喝四,居然又是一家小诸侯。那些替他耕地的人呢?我们现在称作佃户或租户,其实那时恐怕比佃户还要低一点,怕是买倒死契的奴隶。

自从封建社会发生动摇,以致商业兴起,经济区域扩大,农业生活重新确定,又生出地主阶级,这种过程,当然不是一时间的事,他们的关系一日安顿不好,社会也就有一日的扰乱,于是由春秋而战国，只有混乱。等到社会上这种关系十分硬化，他们所需要的各种组织，都能适应上来，才有了平安的希望。

五　新势力的结合及小资产阶级的确立

以上两节，我们只稍为说了点商业、农业两种势力的产生和确定，但是他们的地位确定以后，又要往什么地方走呢？无疑的是往前发展。但是他们怎样发展？发展的状况又是如何？我们尤其应当加以注意。若不明白他们发展的形式，往往会误解他们所到的阶段，这个阶段，是直接能和现社会衔接的。换一方面说来，我们只说了些春秋、战国时代社会上的变动，而这个变动以后，那时所确定的社会，在秦汉以来情形又是怎样呢？解答这个问题，是本篇的主旨。

在未答这个问题之先，我要先说一点欧洲的情形。欧洲自从封建社会破后，也是商业兴起，把封建制度打破。他们的商业，一直发达下来，纯粹组成商业资本主义的社会。更由工业的帮助，使这个势力一发二发以至于无可再达。直到最近，居然要取消这种势力，主张“合作”，要使生产者和消费者直接联络，把这个中间者弃掉，商业势力的衰颓眼看来到，这是不须说的。但是中国的情形，却完全不同。自从商业兴起，他压根就没有十分发达过，他的势力只澎涨到一个小规模的组织，势力极其分散，资本既未集中，商品亦未增加，他不惟不曾独力支拄，而且常受社会上的轻视。这个原故，并不是根于孟子什么“贱丈夫也”一句话，乃是农业势力的牵扯他。

至于农业方面，在封建社会以后，他的势力的确定，在欧洲本来也有同样的情形，但在欧洲早已被工商业排挤的无可存在，而在中国却仍然是社会上一个中心势力。但要注意，他若没有商业帮助，又早入了封建社会的恐慌。所以在中国封建以后的社会，并不是商业资本主义的社会，也不是纯粹地主阶级的社会，乃是农业、商业两种势力结合起来的社会。怎样说是结合起来的呢？在这一节先说明他。

首先我们要认定人类社会的变动，某种社会的成立或改变，全看在那社会人们的生活需要是怎样供给，就会有怎样的社会，也就是看生产和生产物交换的方法是如何，他的社会也就是如何。再按我这篇文章所习用的一句粗浅话说来，也就是某地域内人的生活必须足用，但这个经济的自足，看是怎样使他自足：若是一个人须游猎于三十万亩大的地方才能自足，这是部落时代的社会；若是住在一个小的地方，单由农业生产即可自足，这是封建时代的社会；若是单有这个小地方的农业产物也不够用，必须把他的经济区域扩大，并须由商人的转输才能足用时，这就是农业生产、商业运产两种方法合组的社会。这时的商业虽不直接是生产者，而却是直接供给需要者，同样能使一地域内的生活满足，而没有时又能使感不足，所以他亦有左右社会的势力，即是他亦有做社会基础的资格。

但是这个社会内，农业既居生产者的地位，而同时他的产物又不能完全供给他的需要，必需依赖于商业，那末他的生活，一部分固然是代表生产者的，而另一部分却完全是消费别人生产出来的东西的。这一部分消费是谁供给呢？当然是其他地方的农业者和很少的工业者，而商业给他们介绍，自然和他们有极大的关系。至于商业，他既能直接供给需要，我们当然不能把他完全看作只是消费的贵族阶级或统治者阶级，而同时他实际上乃是消费的。这个消费又是谁供给呢？当然是农业者和工业者。这样说来，这个社会以内，农业和商业乃是互相依存而绝对不能分离开来的。这就是说，农业者之所以能生活，乃完全因了商业者之能为他转运、介绍这地方的农业生产者于那地方的农业消费者。假使不是如此，农业者虽都是生产，而却感经济学上的不足，必要逼的他不能生产，失却农业生活,这在前边已经说过。至于商业势力的养成,更是因了农业,一方有这地方的农业者给他生产,供给商品,一方在另一地方承受消费。这样两种生活,互相帮忙,互相维持存在,渐渐发展,互相增长势力,这就是两种势力的结合。

但是社会上何以又非他两个做基础不可呢?这很明显,农业既是专门生产者,而商业又有供给需用品的作用,那末假若把这个生产者和供给者完全取消,那社会上的人还靠什么来生活?所以一切人们就非仰他们的鼻息不可了。说到这里,必有人疑惑说,在欧洲那样居重要地位的工业,在中国跑到那里去了?其实并没跑开,只是附寄在农业和商业的腿胯之下。因为农业势力的发达,商业的商品,只由农业供给而已有余,工业除过为农业者制造工具以外,其他的一切制造品,在这个社会以内,简直完全没有也可以,他的存在,几乎也全靠农业和商业的发达。所以在中国把这样伟大的生产者竟给屈驾了。这个理由,还要在下面详说。

农业和商业既因经济的关系而结合,但是最要紧的,还不在这一点。其所以使他们结合以至胶结而不可分离者,尚不是这种普遍称谓的一般农业者和商业者,而是农业里边居贵族地位的地主阶级和商业里边居贵族地位的资本家。这两种东西的实行结合,才是水乳交融的结合,真的不可分离了。

前边说过,农民因得到土地支配权的结果,自由买卖,遂使许多农民变为佃户式农奴,而他方面又有许多人变成地主。这种地主阶级出世以后,他的收获丰富,势力雄厚。同时他又看见他的生活有一部分是仰给于商人,就是他的财富,有一部分要被商人剥夺了去。他当然就不情愿起来,于是就提一部分资本,投资商业,开商店,立字号,以地主而兼起财东来。不过我们不要误会,他不是由农业生活而改职业,他的生活仍然重在农业,只是要借重商业以免去剥削,而充实他的势力。而且他的广大的土地，也是由土地企业而得来的。这种现象，我们可以叫做农业的商业化，意思就说，地主借助于商业，地主的势力愈伟大。

至于商业者呢？他们跑腿的结果，渐渐由挑担变成商店了，由行商变成坐商了。再有左右望的本领，三年一算账，不三账就是一个资本家！既成了一个资本家，钱多了做什么用呢？在欧洲的商人，应当是做企业去，但要用这种眼光来观察中国，却完全差了。中国的资本家，企业固然也做，但都是适可而止，然而却有一件事情非做不可，即是一定要拿一部分资本去置田买地。这种现象并不奇怪：第一，他的资本多了实际也没处用（理由见下）；第二，他也是看见他的全家老幼，虽多金钱、绸缎，却不能咀嚼，一部分财富都被农业者剥夺了去，加以旱潦不定，一遇凶荒，性命也被农人把持，遂不得不早作绸缪，大捧银子，投资置田。等到几顷几十顷水地置足了，然后租与几家佃户种去，稳坐吃租，既免危险，又免剥削，一举两得，于是商业贵族的资本家，也地主化起来。这里我们也要注意，这个资本家不是改行成了农夫，他的基础事业，仍在商业，假若他时运好，十号八号还是从老店往出支，不过同时有了广大的土地，使他们后路宽宏罢了。这样资本家借助于农业，资本家的地位愈稳固。

这样看来，中国社会上商业、农业，从其底层的势力分去，固是截然不同，而从农业上的领袖地主与商业上的领袖资本家看来，简直是一个东西，若不揪住胡子问到底，几乎分别不出谁是资本家谁是地主来，这才是水乳交融，真的结合。这样一结合，最可注意的结果，是使他们互相都感到极深切的关系，几乎常是站在同一的利害观点上，所以他们所需要的各种组织常是同的，所表现出来的意识也是同的，遂在文化上结成的种种形态，几乎完全是一个阶级的，看不出有两种势力的区别——固然有的地方是可以看出。这样结合成的社会,我们当然不能只举出一个——或说是地主阶级的,或说是商业资本主义的——做代表,甚至也不能说是地主和商业资本的二元社会,实际上乃是两种势力结合而成的“小资产阶级社会”。

但是资产罢了,何以要说“小”呢?这个在下一节说明。

六　小资产阶级的状况

由商业和农业这样结合组成的社会,我们说他是小资产阶级社会,就是说他们的势力,并不能扩张的很大,各自可以独力支配整个的中国社会。其势力乃是极分散的,并没有统一的组织。其阶级势力的形成,亦只是由于这些分散势力尚是在同一条件、同一性质之下存在,因而自然生出一种集合的势力,遂组成这样庞大的一个国家。若没有这种同一性以生出同一的要求,那中国也许早就如欧洲一样的分裂了。但是我们应当再问,他的势力何以不能集中,何以分散?这个现象有两种原因:第一种原因乃是他们本身的缺点;第二种原因,乃是因为他们劳力不能集中,遂使剥削者太多,由压迫而更趋于薄弱,这在下篇详说。

由上一节我们看,他们的结合,他们的相依存在,是必然的结果。因为这种结合,固然使他们的势力格外稳固,但是同时也使他们受了这种结合的连锁,不能自由发展。

首先,在农业方面,他的势力本来可以尽量发展,由一个大的地主支配全部土地,完全造成地主阶级的社会。但这是封建时代的现象,封建社会一破裂,几乎使农业生活根本不能成立,幸而有商业出来为之救济,农业生活始稍稍确定,又能生出新地主,这一服续命汤的效力已经不小了。但是这些新地主,假若要变成和封建时代一样有权有势的大地主,那确是绝对不可能的。第一,这个社会的地主和封建时代的地主,性质完全两样。封建时代的地主,其地位是强力取来的，只要他的武力充足，能够征服一切人民，他的地主位置之大，就可以变成全国的天子。但在这个社会里边，一般地主都是由商业性的投资经营而买来的，假使他要变成更伟大的地主，他也就非有更伟大的资本不可，但是这个资本的伟大，要有能够购买全国土地的能力，这恐怕为事实所不允许。即不论全国，虽一省一县，恐怕也绝对办不到。这种办不到，固然还有其他原故（见下），而在农业本身的性质上，也决没有积成这样雄厚资本的可能。这个性质就是说，土地的价格，虽不确定，而较之其他货物究确定的多，企业垄断都不能扩大。

但是这一点不可能还不要紧，最不允许他这样做的重要原因，乃是和他并存的商业，决不使他这样伟大的去发展。商业只为了怕被农民剥削的一点小事，尚且要和他争势，发了财准要以资本家而兼做地主，何况农业有变成他的支配阶级之趋势，他焉能不和他分争？结果，若在地主有收买土地的机会时，资本家当然也必去购买，这样自必与地主发展上一个打击。这就是说，社会上的资本，不全在地主阶级，至少有一半是在资本家手中，所以无论地主怎样发展，永久没有独立支拄这个社会的可能——这是地主阶级不能发展的第一个原因。

其次，第二个原因，乃是因为这个地主的阶级性虽是确定的，而地主者或阶级的代表人，却常是变动的，很少固定，他不能像封建时代的地主一样，可以子子孙孙永久世袭。假若真能五世同堂，“效张公九世不分居”，已经是社会上认为很可惊异、很难能的事了。若这个地主的代表人，其地位不能固定，他的势力自是常趋于分散而不能统一。至其所以不能固定的原故，仍然因为他是买来的，一遇人口上自然的变故——即使把其他原因除外——就非卖去不可。这个性质的重要，是一可以说明他的势力不易澎涨，二兼可以了解他的势力不能集中而只是分散的。

封建社会以后的地主阶级，既包含有这两种不能分离的性质，遂使他绝无变成伟大地主的可能，结果，只成了一些分散在各地，聊作几十亩、几百亩甚至几千亩的小地主，以过瘾而已。假若我们再推原他这种倒霉性质的所自，最切近的一个原因，仍然是由于农业不得不和商业结合的结果。

至于在商业方面呢，他的不能无限发展，也是受了农业的牵扯。首先我们要知道商业在封建社会以后出生的价值，本在救济一地域农业者的经济不自足，农业者得到他的救济，立刻恢复原状，马上产出新地主。这样农业离开商业，便要困起，而商业若没有这些农业者需要他，他也非关门大吉不可。所以他存在的价值，是在农业上；他的大部分利益，也建在农业上；他的最大的主顾，就是分散在各处的小地主和无数的小农佃农。这样他的组织就不得不适合这种情形，也分散在各处，只是城关乡镇，到处商店林立，若要造一个纽约、伦敦，那是这种性质的商业所不需要的。

只这一点，我们已可以了然于商业势力的不易集中，然而尚不止此。假如只这一个原因，那就也可以走出几个资本家，在武昌、汉口组织一个大公司，分店北至北京，南至广州，东至烟台，西至打箭炉，再分设于无数无数的农村中，也可以适应农民的需要。但是商业这样的发展，事实上也不允许。这个不允许，并不是说中国土地广大，交通不便，绝难办到。而其实，若果是社会上真的需要发展的商业，那交通是不成问题的，须知欧美的铁道纵横，也只是因为社会上迫切需要，才有科学家绞脑汁发明出来的。假若中国需要这样的商业，岂中国人的脑筋真个愚蠢，便不会有一点发明么？若更有人说这是因为孟子“贱丈夫也”一句话的结果，那更是浮浅的观察。实际上乃是因为农业在这个经济组织中也占重要位置的影响。换句话讲,就是社会上固需要商业的发展,而同时也需要农业的发展。这样所谓社会,乃是构成这个经济组织的团体,即是需要商业发展的,不是别人,正是农业者,而需要农业发展的,也不是别人,正是商业者。他两家不惟在社会上占绝对的大多数,而且都是居于生产者或供给者地位的。除他们以外,不论王侯公子,谁都是靠他们的劳力生活,他们一歇业,不论午门、衙门、军门、朱门,都得倒闭。他两家既是互相需要,而且是迫切的需要,那末商业若这样扩大起来,他是要做什么呢?不外是要独握经济全权,以左右社会。说得浅一点,只是要从他的顾主身上多榨取些利益。前边说过,商业者的利益,都建在农业者的地主、小农等身上,这时的农业者,假若都是不生产、吃闲饭的统治者阶级,那末物价贵贱,只好一任商人,听其剥削。不料农业者却不是如此,他在这个经济组织中,至少居二分之一的地位,商业的出生,尚完全是因为他的需要,即是说这个社会中商业者所做的买卖,除一部分是取给于工业者作其他的供给外,而最大部分,乃是取商品于一地方的农业生产者,如丝麻、油盐、布帛、五谷等,而供给于另一地方的农业消费者。他的买卖既筑在这种情况上,那末他要生出野心,大规模的剥削农民,试问农民也有一部分经济势力,也握一部分资本,允许他不允许?必然的是逼成各地地主去兼领资本家,即是农业者若看见资本家剥削的太厉害时,他们当然会拿出资本,自行作小规模的转运,以满足他们最大量的需要而止。这样,各地的小规模商店既纷纷成立,试问在武昌、汉口设立的那个大公司,还做什么买卖?当然又只有关门大吉了!

由上一段话看来,中国商业的不能发达,并不是什么奇怪事实,实际上就是因为这种专门为救济农业而始成立的商业,绝不能在农业者不需要之下,额外发展起来。因为这种原故,使商业者不惟不能独力支配全国,完全组成商业资本主义的社会,即在特殊的一省一县，也没有纯粹的商业区域。这个原因，就是因为农业者的地主势力，本是分散的，不集中的，当然依赖农业存在的商业，也不能集中起来，只好随农村的分散而亦趋于分散了。于是农业的产物到处都有，不是米谷积于天南、丝麻积于地北，农民的需要，虽各以特殊环境而有不足，但只要这个经济区域稍为扩大，即可供给，亦并不是非天南地北、东洋西海大规模的转运不可。这样使商业的性质，亦只好量各地农村的稠密，而组织小规模的商店好了。所以我们从这种社会的形态上看，应当称为“农村商业社会”。因为这种现象，使中国的商业者，只由以物易物进到笨重的现金货币即止，信托公司，如果不是海外贸易，那是永久不会有的。即以纸币论，虽萌芽于南宋，而实只盛行于明室中叶；以汇兑论，有名的山西票庄，最早也不过始于清初；而真正的银行组织，尚在民国成立以后。除这些最近事实以外，镖客银鞘骡驮，是商业上唯一的组织，而上海规元制的改革，至现在尚都成问题。这种种事实，正足以说明中国虽至最近，尚不足成为商业的资本社会，何况从前？而这只是根于商业的不能发达。其所以不能发达，只是构成他的势力的资本不能集中。而其所以不能集中，又只是不需要的，非不能也。所谓不需要者，乃是掌握另一部分财富的农业者，不允许他，不需要他。受这种束缚的商业，虽欲脱去桎梏，独自发展，但是又从那里去找商品，那里去找市场呢？于是自不得不和农业结合，而只做有利于农业的小商业了。

看了以上情形，我们可以知道商业和农业的势力，都不能十分发展，只有互相结合，互相依赖，共同构成他们的经济组织，构成他们的“农村商业社会”。这种不能十分发展，就是说他们的资财，不能十分雄厚，作什么土地大王、商业大王，他们里边的地主式资本家，都不过拥有一些“小”的资产，这就是所以要称为“小资产阶级”的意思。

七 结 论

以上数节大略的叙述，我们只可了然于小资产阶级发生的情形和其状况，至于这个阶级怎样构成中国的社会，怎样把那种分散势力积起来而发生效力，在他上边有没有其他势力支配，和他们产生出来的文化状况又是如何，以及用这种观察，能把中国历史上的现象说明若干，这几个问题，我都留存下篇去解答。现在还有急应当说明的一点，即是同在封建社会以后的近代欧洲，何以和中国相差有如是之远。人类社会固然不必有什么目标，但是欧洲社会显然是进化的，而且是进步的，如果我的见解不至十分错，那中国的社会，何以停滞了有如是之久？关于这个问题，在这里我也想努力与以解答，当然，和前边一切叙述都一样，是预备好要承认自己是错的。

首先，我们要承认中国的这个小资产阶级社会，其代替封建社会而存在，并不是特有的现象，在欧洲也有同样的情形。欧洲自封建制度破裂以后，代替贵族阶级兴起的，也是小资产阶级，多一点说是中产。不过这个小资产阶级社会继续没有几年，即为商业资本主义所代替。但欧洲商业的发达，是自有他的原因的。欧洲在十字军以前，查理曼（Charlemagne）子孙统驭之下的社会，已有到东方贸易的需求；至十字军以后，因为地中海东岸阻于回教徒的结果，要找寻到印度、到中国的新路，是他们不得已之举，因而有新大陆的发现。我们不必问自己这个新大陆发现以后对欧洲商业上有什么影响，也不必问自指南针航海术发明以后对商业上有什么帮助，而只问何以欧洲人要找寻东方贸易有这样的热烈。这显然可以看出他们社会上经济力的不足。那时的欧洲人要 On board 的追求，和现在的欧洲人实毫无二致，所差的是那时欧洲人怕的是自己饿，这时的欧洲人怕的是别人不饿。欧洲经济力的不足，并不是现在的英、法、德、意诸文明国人告诉我们,乃是他们的祖先,希里尼人、拉丁人、高特人、万达人等等告诉我们的,而其中知道的最清楚的,怕是曾经游历过各地的日耳曼人。他们这种不足,并不是限于多瑙河、莱茵河一地域的不足,怕是迁到希腊,迁到第比河旁,迁到塞因河旁,迁到泰晤士河旁,都是不久就会饿起来的。所以欧洲人得意的说,在十四世纪时,他们的威尼斯(Venice)已成为二十万人的大都市了。其实威尼斯的意义,我们是晓得的,不幸的米、麦、丝、麻、香料、食盐,有的是从大洋来了,还得老远地到巴塞尔(Basel)、威斯卑(Wisby)去旅行,一直到瑞典、丹麦、俄罗斯、英格兰,才能到他们所应当到的地方。这种事实所包含的意义,是不须解说。所以自十四五世纪以后,商业的势力就立刻飞涨,于是从城市工商业、工场工业、机器工业,一直造成现代的社会。

但在中国却不然。这个社会,一直从封建时代以后继续到最近。这个历史演进的不同,并不是中国社会内除农业和商业两种势力外尚有其他势力来维持他,其实只是来剥削他。实际的原因,乃是由于这两个势力所构成的经济组织,在中国这个自然环境(Natural Condition)内,实有这样长久存在的可能。要知道这个社会存在的基本条件,仍然在于一地域的经济自足。封建社会的不足,是由于封建制度之下经济区域的窄狭,由商业的兴起,把地主的性质改过,使这个经济区域扩大,那末只要扩大的这个经济区域永久能满足需要,这个性质的地主,这个性质的商业,自亦会永久存在下来。于此试先勿问,中国的社会,何以和欧洲演进的不同,而只先问中国这样大的一个经济区域,能不能使这种社会长久自足、长久存在。我们只要稍为分析中国历史演变的痕迹,即可知每一时期的变动,只是对这个经济自足区域扩大的追求,而每在扩大以后,即有一时期的安稳,自可证明。

最初春秋、战国时代，那时来往最复杂的，只不过是临近黄河两岸和淮河流域的各国。江浙的吴、越，实际在经济的需要上，只应和楚国来往，他和中原发生关系尚不必要，所以不论夫差、句践，要和齐、晋争霸，都无下场。直到汉时，才有从黄河两岸伸入长江以南的必要。这个较大的经济区域，在汉时没有确定，一直扰乱到三国孙吴开辟江浙，后来经过南北朝的民族迁移，隋炀帝开掘运河，才把这个经济区域确实划通，遂立好唐室三百年的天下。唐末，北方民族又不断的侵入，人口过多的关系，使这个经济区域更有扩大的必要，于是经过南宋的民族迁移，珠江流域也开发了，中国的版图，渐次确定。自明清以来，已受欧洲近代社会的影响，他所感困难的，已不是这个经济自足区域扩大的追求，当然另有方向，这且不说。只说中国历来那种扰乱，既都由于原始的绝对的人口过多关系——或由外族侵入，或由自然发展——以引起不足，生出骚乱，而其结果，又都是政治的版图扩大，即是经济自足区域的扩大，而却并没有社会上的根本改变，如春秋、战国时代和秦汉以后不同的一样。这种现象，自可证明中国的社会，经过二千年的时间虽长，却并没有根本的改变（自然是简单说来），即是中国历史上每一期扩大的经济区域，都可以使那时的这种社会满足，于是代替封建社会的商业、农业结合而成的小资产阶级社会，遂这样长久地存在下来。

这个历史和欧洲演进的不同，只好供作环境主义（Environmentalism）的解释。

其次，若把这个社会再和欧洲比较，我们在一般欧洲人所著的文化史上看下来，他们是称为“城市商业社会”或“手工工业社会”。这就是说，他们所指的小资产或中产阶级，仿佛只包有商人和工人，而却没有农人。但如此篇所述，农人反居重要的地位。这个社会的基础，似乎两歧。其实并没差异。我们应当了解，在封建社会以后，必然的是商业兴起，而又必然的是农业复活和地主阶级的复生，这两种势力更必然的结合。试看英国的男爵诸侯，两次逼迫英王约翰（John）和亨利第三（HenryⅢ），都是地主和商人联合起来的行动，而他们的结果，是乡绅和城市商人在国会中取得地位。这种现象正足以表明在封建以后，社会上不单是商人的势力。不过欧洲各国经济自足的区域，无论如何扩大，也很有限。即使全欧洲，也如中国一样，同在一个统一组织之下，也未能自足，所以十五世纪以后，找寻原料地，找寻商场，是欧洲各国普遍的要求。这种要求实使欧洲社会向外发展的需要大，向内团结的需要小，于是罗马大帝国再不能实现，拿破仑威廉第二只做了一场统一的梦。而分裂开来的欧洲各国，更不足成为一个自足区域，商人无论如何能力大，只得到海外去找，你们的文明，正是他们的困难的结果。这种现象所包含的事实，当然是农业者的显然无力，他不能互相供给满足，逼的商业者非从外洲找寻不可，这样他的自身价值已衰落，当然没有禁止商业发展的能力，遂使商业连带引起工业独自发展，农业只得偃旗息鼓、销声匿迹了。但是虽然如此，虽在欧洲，至亚当·斯密，仍然是以“重农主义”（Physiocrate）和“重商主义”（Mercantilism）并重，即可见农业势力并不是完全可以抹杀的。然而欧洲的农业，天然不如中国一样的有雄厚势力，遂由不能尽量供给的缺点而退休，只好让工商业去发展。

但是这种现象，是演变的结果，至少也是在人口格外的发展以后，而却不是最初的现象。但近代欧洲的经济学者和历史学者，只看到现代机器工业和国际贸易的发达，是从封建时代以后的城市商业和手工业发达下来的，遂谓此两者也为那时社会的基础。其实，遗漏了农业至少在封建社会以后紧接的时代是不确的。若用了欧洲人这种错误的观察，冒然来解释中国社会，当然也会把农业的地主除外，只拿《史记·货殖列传》做代表，认中国社会为商业的资本主义社会。或者从另一方面看到地主阶级势力之伟大，而在欧洲人所叙述的人类文化史上，在封建以后找不出地主阶级在社会的地位，遂不得不说中国社会仍在封建时代留恋。其实，同样似都未得真象。

(民国)一八.一.二八

原载《新生命》1929年第2卷第6号

中国社会的基础(下篇)

□□□□□□□号

□□□□□□□□□□□村商业社会

□□□□□□□□□□□来的中国社会,乃是□□□□□□□□□□□□□□□农,资本家和小商业者□□□□□□□□□□□□□□。在这个社会里边,既不□□□□□□□□□□□□□也不是纯粹的地主阶级所能□□□□□□□□□□□□所剥削的剩余劳动,供给商品,□□□□□□□□□□□□品化,所以他的资本势力,永久□□□□□□□□□□□□又必须互相交换其生产品,才能□□□□□□□□□□□开商人,地主的势力,必会根本破裂□□□□□□□□□□期一样。所以,农业者和商业者,地主□□□□□□□□□个经济关系里边,其结合是必然的,各自□□□□□□□□□不可能,所以商业的发达,每依农村的稠密繁盛与否而决定,而繁盛的农村,有地主阶级存在时,其商业的活动亦必兴盛。根据这种关系而成立的社会,既不是封建的,也不是商业资本的,按照他们的基本组织,只是一种农村商业社会。

我们称这个社会为农村商业社会,并不是说这个社会是独立的二元组织。他的表面,虽是农业者和商业者,资本家和地主,两种势力的结合,但他们的结合,显然是不可分离的生产关系。在这个关系的外形，虽有农业者和商业者的不同，但其内部，同受这个社会的生产力支配，同为一种生产方法下的经济活动。在这种支配下，一个农业者，同时就是制造商品的营利者；而一个商业者，其资本的运用，又只在于农业；地主和资本家，在他们最后的结构，实际上是不能分别也不可分别。因为这种关系，使他□□□□□□□都不能发展，各自都不能有统一的组织，□□□□□□□的小势力的结合。所以这个农村商业社会的□□□□□□□□一般小资产者——没有几个地方或几种经□□□□□□□□□支配全社会的经济，他们所以能造成这□□□□□□□□□□□是由这些普遍存在的小资产者，因□□□□□□□□□□□□产生一个共同的国家制度而建立□□□□□□□□□□□□使中国社会，和欧美各国演进的□□□□□□□□□□□□□“农村商业社会”的进化，绝走□□□□□□□□□□□□□□阶段上。最近中国受到欧美□□□□□□□□□□□□□□□□当然也不能用欧洲一般□□□□□□□□□□□□□□□□暂且不说，现在先把这□□□□□□□□□□□□□□□□□ 况，略为与以叙述和□□□□□□□□□□□□□□□□□。

□□□□□□□□□□□□□□□□□□的经济关系建□□□□□□□□□□□□□□□□□□□□实在再没有中□□□□□□□□□□□□□□□□□□□需要任何上层的□□□□□□□□□□□□□□□□□□□即有极坚固而完□□□□□□□□□□□□□□□□□□破裂。除过近来资□□□□□□□□□□□□□□□□一种民族或那一种政治□□□□□□□□□□□□□□(资本主义的侵略，也是最近金融资本的影响最甚，若在前期的资本主义，为害亦小，这是另一问题，当再详论)。而且必须服从中国的社会，才能保存其政治势力，这是从历史上异族的同化可以完全看出的，所以中国的国家和政府，在经济的组织里边，几乎完全是一个无用的废物。中国人常说，“那个皇帝手里不纳粮”，可见他们和国家的关系！中国人没国家观念么？不是的，乃是欧美人所认为国家的职务，在中国社会上，几乎可以完全自行处理。这个代表国家行政的中心，一个是在农村的“公社”和“宗祠”，一个是商业的“公行”或“公会”。

农村的结合，第一个条件，当然是土地。由土地的广狭、肥瘠，决定一个几千、几百或几十家户口的农村时，即由阖村的农民，建立庙宇，组织公社于其中。社有社首（或名纠首），社首一人或三四人不等，大约看村中的姓氏如何决定，如一村是张、王、李三大姓时，即由三大姓各举社首一人组织，社首以下有乡约，有保甲。社中职务，虽以为国家计算、缴纳粮银为主，但其实，乡间的道路、沟渠、看田、冬防（打更下夜）、娱乐（迎神跳戏），乃实际为社中主要事务。其中最要者为修治沟渠，每当夏秋河水或山水涨时，必预先集合全村力量，共同修治，或备灌溉，或防溃决。其次为看田、冬防，或雇佣，或募村民，以防窃盗。此种组织，几乎为任何农村所必备者。社中经费，向例村中农民除向国家纳税外，另有村中摊派，有地者按地亩出钱，无地者出力，为社中经费和力役。有时遇重大事务，几乎全村农民皆须分派工作。其出钱之家，名为“花户”，花户显然为一村之政治单位，远如管仲、商鞅之邻里连坐，近如王安石之保甲诸法，实际皆以此花户为基础。

乡间之道路、沟渠，为一村所有者，即由一村社治理。然事实上河流决不止属于一村，故傍河流之各村，必共同更有一较大之公社，其社多在此河源共同所建立的庙宇上。此社每年必有一较大之集会，除迎神演戏以外，关于堤岸的修筑、灌溉用水先后次序的分配以及冬防、看田等，皆于会后决定。

农村政治单位之花户，在社会单位，即为属有一定土地之家庭，此家庭完全具有宗法社会性质。家有家长，子弟行为负绝对的责任，故一家之事，全由家长管理之。联络同姓之各个家庭为“族”，族有宗祠，或称家庙，族中事务，族长有管理之权。但此种组织，虽为宗法社会遗物，而其组织意义，已不全为分别宗系而设，实际乃亦为具有政治势力之机关。俱凡农村有斗殴，或房产、土地之争执，婚姻、分炊之处理，皆由双方之家长、族长解决，有时农村公社亦共同参加。此种解决，效力甚大，每有极纠纷之事，亦全赖宗祠或公社解决之，虽至涉讼，而官庭亦多委托其族长或社首和解，其在政治上的效力与价值，实较官庭为大。若较小的农村，或较单薄的族姓，虽无宗祠，其家长、族长仍有实际权力。

农村与农村间，产物上之交换，由商业的组织分配之。商业者之组织，较为复杂。农村与农村相互间除为农业上之公共事务集会外，另有为交换产物之集会，名为“赶集”。此种集会，较农业上之集会为多，一年中大约分数季行之。俱凡生活用品，会中无不毕陈。在城市不发达的地方，农民用品，大率须待会中置备。每遇乱事，此种集会不能举行时，其于农民生活之影响概可想见。

若在农村繁盛显有地主阶级存在之区域，必有以商业为中心之城镇。城镇之商业者，其联络各地农村之距离，自较赶集为远。商业者之组织，其同业之间，有“行”，有“所”，有“会”，性质皆同。行有行董，会有会长，皆由同业者公举。其作用大率为规定物价，限制同业竞争。在旧日，行会最发达之商业为钱行、粮行及当行，以利息之高低，粮价之疲涨，最易伸缩而不一律，故其组织亦极严，甚且有监察、罚款之规定。行会成立以后，每铺户按资本多寡上捐，如不上捐者，即摒出同行以外，且必受排挤而不能立足。除同业之行会以外，又有同地域之“帮商”，如广东、云、贵、四川之商人贸易于内地者，有广帮、川帮之名称，其具体组织之见于近代者为“同乡会”。此种组织之作用,大率为联络感情、结合势力而设。一因远道转徙,非大股结合共同行动不可,正如古代西亚与欧洲十字军时代之“商人队”同。一因不有结合,多受本地商人之排挤。其名称至今仍有存者。

农业者和商业者之此种社会的组织,看去虽甚完备,但有一大缺点,使他们的社会生出几种不能救治的弊病,即是农业者和商业者,只是有各自独立的组织,而没有共同的联络。他们中间并没有组织上的连系,遂常生出利害的冲突,以阻碍他们的发展。在商人之间,以自己利益的关系,对于农民常是垄断把持,尽量剥削。殊不知农民不惟是他的购买者,而且是他的商品供给者。农民既常受商人的剥削,当然视商人如蛇蝎,非必不得已时,绝不肯与之交易。结果,农民总是首先出产自己所需要的,以避免剩余的要贱卖、缺乏的贵买。这样,有的农民固以商人的剥削而流于贫困,而商人却亦因商品不能尽量发展和农民的购买力薄弱,商业亦因以不能发达。这种利害的冲突,在中国历史上是常常看到的。一般人遂集矢于商人,常予以压制,遂生出重农轻商的观念。其实,在这种没有组织的状况之下,不论农业、商业,实在是同受其害,都不能为大规模的发展。中国的“园耕”(Horticulture),很为欧洲人所惊异,十口之家,种三十亩地,桑棉、五谷即取之不尽。但这种自足的生活,究属少数,大多数地方必是富此缺彼。于是剩余的便箱万仓千的积起来,甚至把广大的土地荒废了,而不足的却终是不足。所以园耕的技术,虽再发展,于全部社会的利益计,亦必无多少好处。这就是说,农民只为了自己的利益,不肯为制造商品而生产,其结果是农业和商业都不能发达,社会的发展,同样要受阻碍。农村商业社会停顿有二千年之久,这种组织上的缺点,或亦是重要原因之一。

其次,农业者与商业者之间,不惟没有相互联络的组织,即他们自身的组织，也只是限于那么狭小而止。不论农村的公社或商人的公行，都只是限于地域，各自零零碎碎的活动，绝没有较大的组织。在农村之间，除一村之公社外，至多只能联络依傍河流之数村为更大之组织，若不属一河流，即永久可以不相闻问。而中国的河流，又不像埃及尼罗河的样子，全国共守一河，休戚相关，遂能组织一个河流国家。中国的河流，几乎遍地皆是，除过江、淮、河、汉几条大水以外，都是河身极短、流域极小的小河，河流分散。依傍河流而生的农村，当然也就分散开来，不必要共同的组织。结果，农民的势力，是分散的，是不集中的。

农村的组织既分散，依赖农村而生的商业，当然亦趋于分散。农村之间，没有城镇，在同一城镇的商业者虽有组织，而城镇之间，却和农村一样，也无较大的组织。商人所及的地域，本较农民为阔，但商人对较远货物之转徙，是行使“买客”制度，即按本地的出产和需要，只派一个买客到地头司买卖而已。这种买客和资本主义者在中国所用的买办，其作用相差不啻天壤。另外就是商人队似的“帮商”。此两种商人所及之范围虽广，而却都是各自独立的活动，绝无组织上之联络。结果，商人之势力，也是分散的，不集中的。

农业者和商业者的组织既狭小，势力既分散，这就是证明中国的社会，绝无社会势力，农村与城镇，大规模的公共活动，绝对没有。结果，因为社会势力单薄，遂为他们被剥削的根原，当为野心家所趁，以势力征服各地，强收租税，做其皇帝——这是中国国家的构成。

二　中国国家的性质

历史上国家的性质不外三种：一种是有势力的部落，没收其他土地，封土建国，做地主资格的天子、诸侯，这是封建社会所允许的国家；一种是由社会上有势力的阶级，共同联络，组织政府，设立代议士，代表社会立法，政府不过是奉行宪法的工具，这是法国大革命以来的所谓民主国家；另外一种介于此两者之间的是君主专制国家。专制国家君主的权力，不惟是超过民主的政府，即封建时代的天子亦远不如。如推考这种君主地位和其权力的来原，并不是社会付与的，很显明的乃是封建社会的地主阶级化来的，如英、法、德、俄、日本的国王，无一不是中世纪的君主和诸侯直接传演下来。这些国王最初所以能得到君主的地位，乃完全是掠夺来的。其尊严的身分、私有世袭的地位和绝对的权力，种种特殊权利的构成，都是因为这个国家乃是他自己用武力征服取来，所有的人民都是被克服的，是奴隶，只有他和他的子孙是贵族，是主人。他和封建天子的分别，只是不去封建，而以政治的组织代替，所以有人称呼专制国家是“半封建的国家”，实亦不为无理。

这里半封建的国家性质，若以秦汉以后的中国国家来说，尤其明显。

第一，中国的皇帝，虽不如英、法、德、俄的国王，直接就是封建君主或诸侯的后代，但历代皇帝的代兴，尤其可以看出完全是封建掠夺的形式。中国皇帝的产生，一种是方镇大帅（晋、隋、唐、宋），一种是草泽英雄（汉、明及南北朝、五代各帝），一种是异族部落（北朝、辽、金、元、清）。这三种的性质，都和夏、商、周封建国家获得的形式一样，都是于群雄逐鹿中渐渐征服各地，削平海内，建起私有的国家。在他们只手打天下的时候，实际的社会群众，一点也不去参加，也不能参加，只知道被征服以后服服贴贴做“氓”。因为国家是皇帝自己打来的，人民是被征服的，所以皇帝的身分，仍然和封建时代的君主完全一样，而又因为运用政治组织的关系，实比封建君主的权力还要大。这种政治权力的所以能任意运用，就是因为皇帝是主人，人民是奴隶。

第二，中国的皇帝，没有一代不行封建。汉初的郡国并行，虽然失败，但这件事实，只是告诉出来，地主治理农奴的方法应当改变罢了，却不是对于皇帝封建权力的警告。所以封建制度，虽绝迹于“废封建，立郡县”以后，但是封建的事实，却是没一代没有。大封同姓子弟为王、为公、为侯，任意划分土地为食邑、采邑，为汤沐邑，都是皇帝的自由，绝没有道德上、法律上、习惯上的不合。这就是证明皇帝的封建身分，并不减于封建时代，只是社会生活已改变，完全的封建制度不需要罢了（见上篇）。但是即使如此，最近清代的绿营子弟，仍然完全是封建时代分土就食的意义。

第三，若再进一步说来，中国的社会，尚不只是允许封建身分的空名存在，即封建的实质，实际亦保存下来。这个实质，名义上是称作“郡县制度”。考中国的郡县制度，表面虽是一种政治的组织，异乎封建时代的“身分组织”，而且是“废井田，开阡陌”以后的一大变动，但我们看封建制度的特点，就在于划分土地，以土地的所有权，实现其“阶级的支配权力”，而郡县制度的基础，亦在这一点上。郡县制度，根本就是一种土地的支配，以领有土地的大小，决定权力的大小，非如近代国家，占据几个海口，即可支配全世界，占据上海一处，即可致全中国的死命。这种以土地支配权做基础的郡县制度，和纯粹封建制度的不同，只在于一个的治理者是诸侯，一个的治理者是官吏。官吏和诸侯的不同，是对于封建天子的关系不同，一个是名分的，一个是政治的。若把官吏和天子中间的政治系统取消，马上就会变出诸侯的本色。这就是说，天子的划分郡县，设官治理，已经是封建身分的行使，而郡县官吏的身分和地位，也是等于诸侯——一种地主。所以每代末造，政府失权，各地的郡守藩镇，即独立称王，树兵相争，宛若春秋、战国的状况，这就是郡县制度实际相同于封建制度的表现。所以若把中国的郡县制度看成近代民主国家的“地方制度”一样，要因利乘便，行使地方自治，那只有造成割据的机会。

第四，中国人民向国家纳税的法理，并不是法律上的义务，实在是一种“租粮”的缴纳。纳租虽也是一种义务，但义务应当是情愿尽的一种责任，露骨说来，如果不满意雇来的政府人员或现在的法律时，即可以不情愿尽这责任，拒绝纳税。这时只有撤换官吏或改订法律，如果拒绝的行为不错误时，绝没有法律上和道德上的不合理。这是因为财产的所有者乃是纳税人自己，当然不允许别人不合理的强索。但在中国，人民纳的税，向来没有这种权利。无论因赋或货物税，既没有一定的名目，也没有一定的数目，都可由治理阶级任意增添。因赋可以预征十年、二十年，其实预征也是官话，只是今年要你出这么多罢了，明年、后年需要时还只是征，无所谓预不预。货物税的厘金、统捐、杂色捐，都可任意的增加，绝没有法律上的不合，也没有什么理由来干涉他，只是在受不住时，要求怜悯，减少罢了。这种纳税的理由，就是因为他所纳的税是一种“租粮”，纳税人的财产，不能看成是纳税人自己的，他乃是向地主阶级租来的，“普天之下，莫非王土”，人民的耕种、贸易，都是借皇帝家物为生。纳税人的财产既都不是自己的，当然只好一任地主的规定。再露骨说来，人民如果不愿纳税时，只好把原物交还地主，自己另觅生路，正如佃户对于地主剥削太厉害时的态度一样。若佃户因不出过重的“租粮”，就联合起来反抗地主，这当然是法律和道德都不允许的，同样人民要对于国家的赋税反抗，自然也是为法律和道德不允许。所以在这时只有抛弃土地和停业，另图生活，绝没有别的行动。若再厉害时，便只有希望爱民如子的真龙天子出来救民于水火之中。如果真龙天子等不出来，那他们就只有最后一条路，有认为是真龙天子起来爱民，这时大约就是“五百年王者兴”的时候了。所以从中国人纳税的意义上说，更可以证明中国国家的封建性质，国家是——不只是代表——地主阶级的集团，普通社会是农奴的集团。

从以上四点，都可证明中国国家的封建性质。这种性质自然不只是中国，一切君主专制国家都有，如大革命前的法国和威廉氏家的德国。因为他们君主的地位是直接从中世纪传下来，其封建色彩更格外浓厚一点。君主专制国家所以具有这样浓厚的封建性质，并不可误认为是君主权力伸张的结果，实在乃是专制国家的社会尚没有完全脱离封建社会的性质。因为社会的本身尚保存封建时代的经济关系，当然就能允许封建势力的存在，中国的农村商业社会就是这样。秦汉以后的商业虽然发达，但商业的活动，仍以农村为中心，商品的制造，仍以农业为基础。农业有商业的调剂，虽较封建时代家族经济自足的社会关系为复杂、扩大，但这种改变，也不过只是变家族为农村的，变小地域为较大地域的，使家族的自足，成为农村的自足，使一个封建邦的自足，成为联合数个封建邦的自足。结果，封建社会末期所发展的生产力，只构成这种关系而止。于是，农村虽较家族为大，而以经济区域扩大的关系，农村的组织，并没有较家族组织增大了多少，所以农村和依赖农村存在的商业，其组织仍然是分散的，不集中的。社会的组织既分散而不集中，当然易为有权力者（方镇大帅、异族部落）和能制造权力者（草泽英雄）所征服，这是允许专制君主存在的主要原因。加以社会的经济生活，完全还是农业和农业制造的；土地的占有，仍是构造权力的基础。所以专制君主仍然能兼领封建时代大地主的资格，划分郡县，设官治理，构成地主阶级的集团。人民对于国家的关系，当然仍只是封建时代的关系了。凡这些农业经济的特出，土地所有权的势力，社会组织的不能统一，一地域经济的可以自足，都是构成封建制度的根原。农村商业社会既都具此特点，所以他的社会和国家，都脱不了封建的色彩。

说中国的国家首先是建在封建时代的剥削阶级上，国家的组织里边并没有社会势力参加，这种观察，或许有人认为不对。最近凡尔加氏（E. Varga）指出中国的农业是灌溉农耕，灌溉农耕的经济须组织化，须由地域之共同协力始可能，这是不错的。但他却因此以为中国的国家“具有广及全领域的重大机能——即全领域内米之配给的组织化，最重要地方水利经济之组织化与监督等与之相应的，故在中国有国家官吏这样的特殊阶级……”（见所著《中国革命之诸根本问题》），这却把中国国家看得太有用处了，而且官吏阶级也不是相应“水利经济之组织”化来的。中国的农业虽是灌溉农耕，但中国的灌溉除过很多地方是用井水外，所有的河流都是短小、分散，他和埃及人共守一条尼罗河不同。埃及的农业都是依赖尼罗河和尼罗河的沟渠，所以埃及人有共同的活动需要、共同的组织，这是埃及国家的基础。但在中国，除过原始的黄河流域时代，几乎从来没有过水利经济上的共同组织。分散于各地的河流，都是随河流而居的农村自行管理；以实地考察农村的沟渠，都是民间自行开掘；堤防是民间自行修筑。这种河流的管理，是农村公社最大的事务，也是农村各花户最大的摊派。这种农村组织，是唯一的水利经济组织，而河流的短小、分散，正是使农村与农村的组织分散不能集中的原故。社会上既有了这种组织，所以中国政府，除过黄河、淮河以外，对于水利经济上所尽的职务几乎没有，而且治理黄河，也是百年不遇的大事。因为这种特殊情形，所以中国的河流恰好发展出些分散的社会组织，而没有发展出国家组织。这种分散的社会组织，仍然允许剥削阶级的国家存在，和封建时代一样，不能构成有社会机能的国家。

这样说来，秦汉以后的国家，应当仍是完全的封建国家，何以他们的政治组织又决不一样呢？这有两个原因：第一，因商业在经济组织中的地位较封建社会重要，他所需要的组织，和单是农业经济的不一样，这在本文的上篇说过，商业是推翻封建制度的主要原因。第二，因土地制度的改变和生产技术的进步，使自耕自足的家族经济活动变为农村经济的社会活动。这种农村组织的性质，虽不足自行组织更大的国家组织，也不足抵抗有权威者的征服，但征服者的国家建起来以后，至少也须保存这种组织，破坏农村经济，不啻破坏他的地位，所以农村的组织虽小，却有普遍的势力。无论什么地方的农村，所要求的条件都一样，在这种共同要求无形中集合的普通势力之下，不得不也纳入国家的组织中，为国家的次一等性质，这是秦汉以来国家不能同于封建国家的第二个原因。适应这两个原因的组织，一是官吏制度的产生，一是科举制度的产生。

三　科举制度的意义

官吏制度以一种意义说起来，是直接代替封建制度的。封建制下无官，官随世禄决定，有世禄者亦世世袭其官。世禄就是有封土和食邑、采邑的。各封土既有领主——诸侯、大夫等——做主人，当然要不着官吏。及商业发达以后，商业区域不是到处都有，有的地方便因利于商业发达而兴盛，有的地方不免穷困，遂发生兼并，使许多领主夷为平民。那些得势的领主，本来再可封建，但是商业区域既不一定，若把商业发达的地方仍封土另建一国，不由自己统率，岂不也要失势？所以这时的诸侯就不再去封建，而只派遣只有奉行命令、没有专擅性质的官吏去收税。同样的理，在土地制度改变以后的农业，也是如此。农民有了土地支配权以后，土地可以自由买卖，变成货物一样，正如商业的货物，收税者不必自行经理作商店的老板，只索按货抽税，地主对于土地，当然也不必封土建国自行管理，更不必计口授田分配耕地，只要派遣官吏按亩征租就够了。

所以封建以后官吏制度的发生，纯粹是因为地主阶级剥削土地、人民财产的方法不同，不得不把官吏来代替封建。试看齐、晋、秦、楚几个官吏发生最早也最多的国家，都是几个最能兼并的国家。他们兼并以后不再封建而创行郡县的原故，并看不出是社会的需要。比方商人因需要平治道路、保护转运的共同组织，农民也需要治理河流、惩治盗贼的共同组织，但这种作用至多是一种希望或偶然的事实。罗马皇帝戴克利先（Decletion）曾以平治道路、保护商旅的政绩著名，中国皇帝和官吏有时也能如此，但却并不能单以这种政绩的考核撤换官吏，他不是官吏制度的主要属性，从官吏的作用和其发生的意义上说，都不是因为社会的需要——或如凡尔加所说是相应"水利经济之组织化"来的。他的实际，是为代替封建制度。封建制度很明白的是地主阶级为行使剥削权力和剥削方法的一种制度，所以春秋、战国时代官吏的升进，都是以能否替封建诸侯富国强兵做标准，凡有"殊才异能"的，片言可致卿相。这种原故，就是因为诸侯只站在封建阶级的地位上，以官吏做他的雇佣，在他不直接去做各地的领主以后，雇来替他剥削、替他扩张权力的。为了这种需要，使做官的才不分贵族与平民的阶级。这个改变，普通说来是"贵族阶级的打破"，这在本文上篇也说过，但仔细研究，平民获得做官权利，未必便是打破封建阶级的表征。他的能做官，只是封建阶级的雇佣，并不是社会的雇佣。他的权力，并不是社会付与，乃是皇帝付与。官吏的任免升降，都是皇帝私有的权力，社会并无法权干涉。这个分别，正好比郡县制度下郡县的划分，仍是封建阶级势力范围的划分，和封土建国一样，并不是地方制度，为保有地方自治权的社会势力集团，所以秦汉以后官吏制度和郡县制度，都应认作是行使封建权力的另一种方式，须先肯定封建阶级的确实存在，决不能与法国大革命以后的政治组织一样看待。

封建制度到了需要这样性质的官吏制度代替时，这突然需要的大批官吏如何产生呢？产生的方法就是贡举、选举或科举的制度。

由贡举或科举制度考取官吏的方法，是欧洲各专制国所没有的。这种制度，在中国向来认为是以官爵饵人的一种政策。除贡举和选举外，隋唐以下的科举，诚如唐人所言，“太宗皇帝真长策，赚得英雄尽白头”。但我们看这种制度的本身，实不只这样简单，他的发生和存在，都含有极重大的意义。他的作用，虽只在考取官吏，但另外还有更重要的一种作用，是封建阶级的国家和农村商业社会所共同需要的。

在一个国家，无论他的立足点和社会的需要怎样相违背，但是他至少必须维持社会生活的安全，才能保持他的地位。因为这种需要，国家和社会中间常有一种连系的纽带以相适应。这种纽带最明显的是近代国家的“代议制度”，人民所要求的利益，能直接选举代议士，订定宪法，命令政府机关遵行。这种纽带的产生，是因为近代社会有集中的势力和统一组织的结果。但在古代，社会组织既那样分散，至能使另外一种势力来征服统驭，他的要求，当然不能直接递达政府，可是，封建阶级为他的利益计，也不能不有一种纽带的设施，以和社会适应。比方封建社会是家族自足的农业经济，封建阶级固然是为向农业经济剥削而建立国家，但他同时必须保全家族的组织和生活，才有剥削的可能，所以那时国的组织，也变为一个家的组织，完全以“严尊卑，别上下”的礼制和“忠孝节义”的道德以及种种家法制度维系。在秦汉以后的农村商业社会，他的组织仍然是极其分散，没有近代社会的统一势力，不能直接组织自己的国家，同时又不完全是家族的生活，不能以家国合一的组织维系。他的生活怎样？他所需求的是什么？在国家和社会中间，都非有一种纽带的设施以相适应不可。这个纽带，具体说来，是须有实际社会的代表势力加入国家的组织，作国家和社会中间的媒介，一方面维持农村的组织，也就是维持一般小资产阶级的利益，一方面维持国家的地位。这种实际社会代表势力的取得，是小资产阶级的农村商业社会和封建阶级的国家同样都需要的。其取得的方法，也就是贡举或科举的制度。这种制度的产生和其在中国这样长久的存在，为考取官吏固然是一个原因，而为取得这种社会势力，更是他的重大原因，而且这种代表取得以后，实际仍然是国家的官吏。所以，科举制度下考取的官吏，一方面须“才能干练”“办事敏捷”，以利国家；一方面须“谙达民情”“熟知民间疾苦”“为民父母”；一方面他须是地主阶级的雇佣，以“整饬纲纪”；一方面他又须是农村商业社会的代表，以维持农村的组织和生活。在这种制度下取来的人员，实兼有近代国家官僚和代议士的两重资格。

这种作用的制度，是封建性质的国家极不易发现的，封建阶级只站在他们自己的地位上，对官吏只知道一种雇佣的性质，首先准承受“责效计能”的法家学说，而不能注意社会的利益。比方秦的富强，很明白的是在他能有计画的改革土地制度以后，但是他于土地制度改革以后，却不知道农业复兴以后的结果。那时不只是秦，各地的农业生活已渐确定，试看秦始皇的迁徙豪富和大姓能那么多，动辄十几万户，几十万人，即可见农业经济的恢复。农业经济的恢复和繁盛，是秦富强的基础，而豪富乃是农业繁盛的结晶——农村的地主。秦始皇不了解这一点，反恐豪富叛乱，而又措施无方，只把他迁移徒徙，不惟不能维持他的生活，反加以破坏，使社会根本摇动，秦那得不亡！所以秦的灭亡，直接是破坏农村的组织和生活，以致引起农民的揭竿而起；间接说来，乃是只知道需要雇佣性质的官吏，而却不知道吸收维持农村生活的人员，以致没有具足封建以后国家的性质。及汉代秦以后，汉高祖听信陆贾“马上得天下不能仍以马上治之”的道理，渐能引用儒生，更令郡国选举“贤良方正茂才直言”，自此以后，选举始成为一种制度。

自这种制度发生以后，一直到清末，曾经过四次的改变，他的作用，从这种改变上更可以看出来，每次的改变，都不是偶然的，都是为适应社会的代表势力。这个实际社会的代表势力是什么呢？就是小资产阶级的农村商业社会，因共同的条件、共同的利益，无形中集合起来的共同意识。科举制度就是为摄取这个意识以加入国家的组织。

四　士大夫阶级的构成及其转变

小资产阶级农村商业社会势力的分散，在本文已说过很多，但这种分散，是指他们的相互关系说，若个别分开，他们存在的条件和所要求的利益，却无论什么地方都是一样。明白说来，即是甘肃的农民，虽可以和江苏的农民不相关连，山西的土著，虽可以不知道广东、广西是中国的领土，但因为他们的生活同样都是农村商业的经济活动，所以至少也有一个共同点在他们的意识里边存在，即必须要求有农村商业经济活动的可能与安全和因为这种活动而有的组织，如家族农村、城镇商店等的维持。因为这种要求相同，遂自然的集合成一个“共同意识”。这个共同意识，本来也是分散的，但在春秋、战国间，经儒家的收集，把他具体化起来，变成一种硬性的学说。这个学说的成分，是不是完全适合这种社会，现在不必去管他，但他的性质，有一大半确实是这种社会意识的结果，是不待细说的。这个学说，既能代表社会的共同意识，所以他在这个没组织的社会中，隐隐然变为小资产阶级的惟一共同组织。不论什么地方，他们的方言、习惯可以任意不同，而对于应用的文字、书籍，却都是一样，所遵守的道德，所有的信仰，也几乎都一样。农村商业社会，既有这么一个共同的上层组织，所以儒家学说在这个社会就握有绝大的"权威"：凡不能"孝弟力田"和"紊乱纲常"的，都是儒家的罪人，实际即是社会的罪人，因为他能破坏农业生活和家族组织；凡不能"守望相助""疾病相扶持""孝友睦渊任恤"的，都不是儒家的君子，即不是社会的正人；凡"横征暴敛""肆行杀戮"的，都是桀、纣，社会就应当起来用汤、武的方法处置他。俱如此类，儒家这种"权威"，常能代表社会的需要和利益，以维持社会的生活和组织，而这个"权威"，又显然是社会付与，是社会意识的结果，并不是儒家强力取来。

农村商业社会既有这么一个共同的组织，所以封建阶级都以摄取这个势力为首要政策。在汉初儒家学说尚未确定以前，所选举来的贤良方正、能言极谏之士，大都已是儒生，可见他们在社会的势力。而贾谊、晁错、董仲舒一般人，也确实能代表实际生活，订定许多利于社会的政策。及武帝以后，这种意识，已确实插入国家组织，"罢黜百家，专尊儒术"，儒家的士人，遂以代表社会意识的资格，由选举制度，取得封建阶级官吏的特权。

但在儒生取得官吏特权以后，他在社会的性质，都完全改变。原先他不过是纯粹的意识工作者——维持风化等，是依赖产业者的意识需要而存在，假若产业者——小资产阶级——的意识改变，他们的思想学说也会相应的改变，正如资本主义下的智识阶级一样，完全是资产阶级的工具。但在中国的儒生不同，他在汉武帝以前，还可以和近代的智识阶级一样看待，但他取得官吏特权以后，他已不只是工具的，而同时只有一部分支配权力，这部分权力，虽不是他自己具有，是由封建阶级付与，而却因这种权力，和农商的小资产阶级显然分别开来，即在后者，是完全被支配的，而前者都实际握有支配权力，或能支配的身分。由这个权力和身分，遂在社会上构成一个特殊的阶级，同时具有统一社会意识的权威和支配阶级的身分——士人——或其权力——大夫的阶级。简单说来，是立在封建阶级的国家和小资产阶级社会中间的一个中间阶级。

这个中间阶级构成以后，当然的又有这个阶级自己的特殊条件和特殊利益，由这种特殊利益，常常和实际社会分开，不足代表社会的共同意识。这种分离的主要原因，乃是由中间阶级自己意识的发展。他们意识的发展，约有两个方向，一方面是智识阶级一般的本性，为保持他们意识工作者的特殊身分，专门作离开实际生活的学术研究，如诗赋、文章、理学、汉学等制作，是为智识阶级特有的意识，为一般人所不暇过问，他们常能由这些工具，保持他们的地位；另一方面，是为保持取得支配阶级地位的技术和方法，专门作特殊的练习和发展，如清议、帖括、八股等，结果也造成一种离开实际社会的意识。这个阶级的这两种意识发展到相当程度时候，很显然的发生出一种现象，是这个阶级无形中作极度的分裂：一方有文人、学士、隐逸等等，专门做阶级（中间阶级）意识的工作，一方有经生、帖括之士，专门作做官的技术练习。等到这样分裂以后，即刻使他们会受到一种打击，即无论他们的意识工作做的怎样精巧，但他们和实际社会的分离已经愈趋愈远，即是已经失掉代表社会共同意识的资格，或成为特殊的士族，或成为风流名士，或成为世外高人，或成为硕学鸿儒，或成为腐儒学究。所造愈精，其在社会的实际势力亦愈小。这时需要社会共同意识的封建阶级，就不得不另改方法，以摄取社会上极普遍的意识势力，结果，就另有一部分中间阶级的代表人出来。这部分人出来以后，又按他的利益作阶级意识的发展，前一时代的阶级意识，遂为这种意识所代替，而他所发展的意识，最后仍要和社会共同意识离开，又为别一种代替的机会，如此辗转不已。

这种辗转的现象，是中国历史上几件重要事实的背景。第一，中国的社会自秦汉以来未尝改变，他是有一个共同的儒家学说意识，但这个意识的外形，都是汉、晋、唐、宋、明、清，几乎历代不同，每代都有他自己的学风和好尚。第二，同一种作用的科举制度，却自汉以来，几乎有四次决然不同的改变，这种不同和改变，既不能说为是社会基础演变的结果，也不能认为是国家性质的改变，从根本说来，实际乃是士大夫阶级本身意识转变的结果。士大夫阶级的性质，虽是确定的，是一种中间阶级，但他的本身，却无定型，汉代是儒生，魏晋是士大夫，唐宋是文人、学士，明清是举人、进士。这是不同的形式，就是他的阶级意识的转变，结果，选举或科举的方法，也不能不随之改变，由这种方法的改变，又造成一种特殊的意识，这就是历代学说除却以儒家的意识作基础外，而又必有特殊意识的根原。从这一点说来，士大夫阶级的第一个性质，是一种"意识阶级"。

这种转变的事实，从历史上都可以显然看出来。

士大夫阶级的第一个转变时期，是在汉末。汉初定制以"贤良方正""孝廉"和"博士弟子"三种取士，其法由郡国评定儒生，有能合乎四科者，即选取之，如"德行高妙"，或"刚毅多略"，或"学通行修""法令明习"等，皆先评定其人之学行，以定去取。这种评定的方法，沿至汉末，遂弄成一种批评的学风，无论对人对事，虽不选举，亦必互相"月旦"，以为高尚。其结果除王充、仲长统一般人应用在思想方面有较好的结果外，其他文有文"品"，诗有诗"品"，而尤以社会上的清议，占绝大势力。这般人一方面是社会信仰的中心，具有社会的权威，遂能"褒贬朝政""裁量公卿"，一方面又具有士大夫的身分或权力，在乡间标榜，"核论人物"，作"天下模楷"，每一议论出，至可以使人终身废弃(如黄允、陈寿等)。社会的清议,既具有如是势力,所以至魏时,就把汉代的选举制,直接改为一种“九品官人法”。其法乃是不用郡国的评定,而直以乡间评议为准,由郡邑的中正,按其人乡评的高下,决定上上或上中上下等,再送至大中正,用同样的方法考核。如是中正虽为品第人才之官,而其实其品第的方法和品第的基础,都是建在乡评的清议上。这就是说,汉初的郡国选举,已不能取得社会势力——当时的说法,是因为“夤缘势力”有猥滥的流弊——所以遂由占有社会势力的清议代替。后来主持清议的士人,都得到大夫的地位,遂渐渐把乡评的势力移到士族上边,士族不惟是大夫,而且是社会的清流,于是主持清议、掌握社会势力的,已经不是乡间的士人,而是在朝的大夫,这样一来,士族就造成一种特别势力,在社会上显然为一个特殊阶级。

士大夫阶级实以两晋南北朝为最明显,当时的大族王球且说:“士庶区别,国之章也!”士大夫的势力既如此,所以那种“九品官人”的方法之下,不惟是用清议的方法评定上下,而且在吏部选用时,“必下中正征其人居及祖父官名”,以为品状。不惟官人是如此,即普通生活的婚姻、交际,亦以士族为准,若不是士族,虽皇帝亦只得说“我便无如此何”(宋文帝语),可见他们在社会的势力。由清议和士族的势力,即可知“九品官人法”所以要代替郡国选举法的意思。

但是两晋南北朝的长期丧乱,到了后来,使这些士族,渐渐的陵夷衰落,如东晋“王谢感时,北人晚渡者,朝廷悉以伧荒遇之”,梁、陈之间,南朝除王、谢、朱、张数族而外,已不多见,北朝亦止崔、卢、李、郑、韦、裴、柳、薛几家可数。这些士族的零落,丧乱固是一因,而其自视高贵,不相阿合,能及者自然愈趋愈少。结果,士族的阶级意识愈浓厚,其势力范围亦愈小,其代表社会共同意识的资格亦愈减低,于是当时的人就不满意“九品中正”的选举法,说“上品无寒门,下品无世族，公无考校之员，私无告诉之忌”（刘毅）。这是普通所谓“九品官人法”的流弊，但其实，与其说是这种方法的流弊，毋宁说是士族不能代表社会势力以后，另外一种能代表社会共同意识的势力激起的表征。总之，无论怎样，自士族势力衰落以后，同时“九品官人法”也就废除，而以另外一种方法代替。

士族势力的衰落，并不是士大夫阶级势力的衰落，他不过是由一部分有特殊阶级意识的人手里，转移到没有特殊阶级意识，只有共同意识的人手里罢了。所以在六朝末年后的隋初，就另用一种更通行、更普遍的“诗赋策问”取士。这种方法，就是表明诗赋乃是比较的属于社会意识的共同趋势，他不是士族或士大夫的特殊意识，而是在当时为一般意识工作者共有的倾向，所以封建阶级就利用他以摄取社会势力，遂在隋唐以后有开科考试诗赋、策问的科举制度。

唐代的科举，虽有生徒、乡贡和制举的三种分别，但实际上是以乡贡的明经、进士两科为主。乡贡的士子，都是由民间的儒家学者或同情于儒家的，怀牒自列州县以受考试。其考试的方法在最初时极简单，比方试进士时，有所谓“帖经”者，即取士子所习的经书，掩其两端，中留一行，复裁纸为帖，帖去数字，令受试的人读出之。这种简单的方法，在进士以下的明经秀才，尚不及此。考试的方法虽不止此一端，但他所以用这些方法代替“九品中正”的原故，只是要避免士大夫的特殊意识，而极力与社会的共同意识接近。所以其士子不论贫富，都可自诣州县受考，而考试的方法，亦是采取一般意识工作者的共同倾向，如经书、文章、诗赋等。

但自这种科举制度确定以后，士大夫阶级的意识，又随着这种制度的方法转变，一方面有作诗赋、文章的进求，造成许多文人学士，一方面有作“帖括”“旧策”的记诵，造出许多帖括之士。帖括之士，在唐时已有人不满其意识，如刘思立所说，“明经多抄义条，进士唯诵旧策，皆亡实才，而有司以人数充第”。这个“实才”，究竟是什么虽不必问，而帖括意识的非实际社会所需要，固甚显然。诗词文章，至唐末两宋而极盛，其结果，诗词文章，原不过是试验社会意识的考试方法，而自盛唐以后，研究诗词文章，都成为文人学士间之目的，他的发展，不论如何华美伟大，而只是文人学士的意识，非实际社会所需要亦很显明。所以至宋神宗时，并不以诗词文章的精美而扩大其应用，都以“诗赋之弊，流于浮华，帖经之弊，陷于记诵”的考语而摒斥不用，完全以经义、策论代替诗赋，以考取官吏。这就是说，诗词文章，至唐末两宋而至乎其极，然愈至其极，愈为少数文人学士之部分意识，毫不足以代表社会共同的意识势力，所以虽以极精美之唐诗宋词，亦不能代替几部经书，作科举制度的工具。

自北宋确定以经义、策论取士以后，沿至明清，遂专门“四书”“五经”的“制艺”，为考试方法。明清的八股，若不了解科举制度的意义，几乎是毫不可解的谜术。若如普通所谓是帝王笼络士人的一种方法，亦属同样不可了解，这种笼络方法且非太滑稽而技巧？假若离开儒家意识，而用同样的技巧用在数学或图画方面，以笼络明清的士人，其结果将如何？其实，他是一种最简单、最无意义的测验意识的方法，他只是限定士人专门作经义的探讨，以表明他的考试是意识有无和正确与否的测验，而不是文章精美、深奥与否的测验。他正是力避唐宋以来“文人意识”的考取，而欲极力接近大多数的社会共同意识。由这种无意义的方法，正可表明明清的社会仍然需要儒家的意识，仍然是以儒家学说占极大的意识势力，既不是两晋士族的社会，也不是唐宋文人的社会，也没有到了承受西洋意识的时代，仍然是秦汉以来的社会和其意识——至少也可以说，即使社会已经有变动，而社会意识，尚没有能如儒家的能够代表较大的部分——所以仍能容让专以测验儒家意识的“八股制艺”存在。及到清中叶时，社会已深刻的受有欧洲资本主义及其意识的影响，已不完全是儒家意识所能限制，遂有“博学鸿词”，以及更后有“经济特科”等设，以摄取另一部分意识。这个演变的详情，当另为文叙述，现在暂且不论。

说到这里，我们不禁要问，假定儒家学说就是农村商业社会的共同意识，但是由科举制度取来的士大夫阶级，究竟能不能真的是农村商业社会的代表呢？很明白的是不能。第一，在士大夫的一部分人变成一种意识阶级以后，他和社会的分离，已如上述。第二，另一部分不做意识阶级的却完全变成官吏的性质，即是为封建阶级做雇佣，行使剥削权力，或在不做官吏以后，行使士大夫阶级的身分和权威，做社会上的豪绅，以统辖社会，也可以说就是士大夫本身。所以士大夫的本性虽是一个中间阶级，但在这个阶级构成以后，却由意识的转变，或变为意识阶级，或变为官吏或豪绅，都和社会离开，甚至于背叛社会，这是小资产阶级社会没有自己共同具体组织的苦楚。

五　中国社会的侵蚀及其阶级层的转变

以上把小资产阶级的社会和国家组织已经大略解释，如果只是这样分别叙述，单指出他们各个阶级的特殊性质，就很容易误会，这个国家的构造，只是这样的简单，只是一个封建阶级对于一个小资产阶级剥削的结构，这样就仿佛两个人斗殴似的，一直等到一个人被另一个人打倒时为止，只有一个人存在的世界。若果如此，我们的解释不惟违背历史演变的原则，而且中国历史上那种错综复杂的事实，亦将由这种解释抹杀。其实，各个阶级固有其特殊性质，但在各个阶级互相关连发生关系以后，却是不停的发生变化，其阶级性质，虽可以永久存在——从秦汉一直到现在——但其堆积的阶级层，却常常的要改移转变。一个阶级堆积到相当程度时，其实际的数量和意识的势力必格外膨胀，别的阶级就必受这种膨胀势力的侵蚀而衰落，衰落的结果，必愈积愈厚，而又造成一个新的阶级层，这样转变不已，就是社会上错综复杂的现象。历史的事实，直接由这种转变造成。中国各阶级的构造和其转变，可如下表所示：

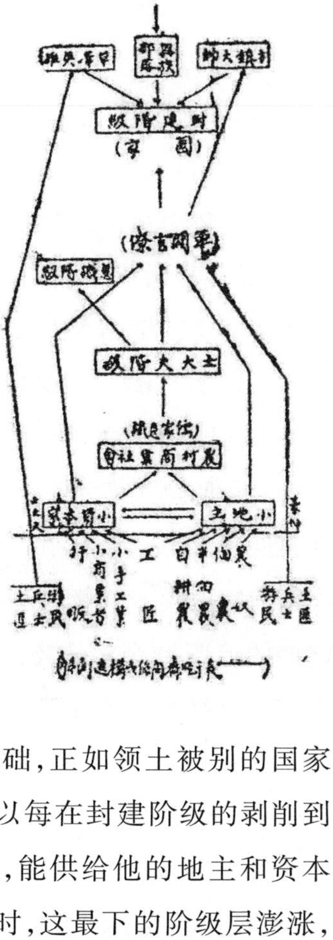

首先应当注意，这个社会封建阶级的地位，并不是如封建时代一样，直接由剥削土地和劳力造成，他乃是以地主阶级的身分，间接的向小地主和小资本家剥削田租和货物税而造成。既是这样间接的，所以他的地位，不必等待另一个国家侵入占据他的领土以后才可以推翻，而是只要被他所剥削的小地主和小资本家，不能供给他以大量的租税时，同样也使他失掉剥削的基础，正如领土被别的国家抢走一样，立刻也可以推翻他的地位。所以每在封建阶级的剥削到了相当时期，社会上已经受了过度的侵蚀，能供给他的地主和资本家愈趋愈少，而最下层的无产者愈积愈多时，这最下的阶级层澎涨，结果最高的封建阶级就不得不为这层阶级所代替，这就是秦汉以来历代的变更。其代兴者，既不是素在社会上有势力的地主和资本家，也不一定是另有土地、人民的异族部落，而多半乃是原来社会上绝无势力的下层阶级。下层阶级所以能有这样的势力，即是阶级层转变的结果。

其次，同样的道理，作社会中心势力的地主和资本家，其阶级地位亦常常转变而不固定，地主和资本家虽是被封建所剥削的，但同时他也是一个剥削阶级，他的地位和对于封建阶级所纳的租税，都是剥削别余阶级的劳动而来。其剥削的方法不外三种：一是剩余劳动，即剥削奴隶、雇农、佃户、长工、小手工业等。一是土地资本和商业资本，如地主出租土地于佃农，而收其十分之五甚至十分之六七以上的地租；至于商人的剥削，更属显然。一是高利贷资本。高利贷资本的势力最大，其为害亦最烈，他不只是地主和资本家的剥削方法，而且是通行于各阶级间的剥削方法，其结果常常促进阶级层的转变。这种资本的构成，是因为小资产阶级的生产关系，使他们的势力发展到相当限度时，即不能再为产业方面的发展——如社会平静时，土地的买卖和商业的投机都甚少——结果地主和资本家，都有多量的剩余资本。这些资本既不能用作生产，而同时却有许多贫农式小商人、手工业者因为要购买工具、肥料或货物——有时纯粹是为纳地租或货物税——需要资本，于是地主和资本家就把他们剩余的或不剩余的资本，按需要的程度，以最高的利息——百分之二三十或四五十不等——放给他们生息，同时又以房产或地契作抵押，结果一般贫农或小商人的收入渐被这种利息剥尽，以至于不能偿还时，其抵押的财产即被没收，而流入最下层的雇农或工匠，其子女甚或卖为奴隶。这种资本运用愈广，地主和资本家的势力亦愈增加，而同时最低层的下层阶级亦数量日增。这些下层阶级的数量增加以后，其出路有两个方向，一面有的是改作其他职业，由过度的劳动和俭约，渐渐复积成少数资本。最可骇的是这些纯粹劳动者竟能以极少数资本，由高利贷的生息，出放于较小的地主或商人或自耕农等，居然也能致富，变成地主和资本家。而原先的地主和资本家，因为人口增多或其他需要，不得不担负高利息时，慢慢也会被侵蚀而堕入下层阶级。这是社会阶级层的第一种转变。这个转变，有的固然极速，而普通多是极其缓慢，非经两代三代不能看出。另外，被剥削的下层阶级另一个出路，是流入无一定职业的兵士、游民、地痞、卖艺、走江湖，若更多时即为土匪。这种游民阶级，随着人口发展和剥削阶级的进程，其数量的增加极速，增加至若干程度时，即为另一种转变的原因。

至于地主和资本家，他们除向下层剥削以外，另外还有两个发展的出路：一即令子弟读书应考，以追求士大夫阶级，支持门户；一即纳粟入官或纳赀入官。

士大夫阶级，大半分是由小资产阶级的子弟，或世家大族，或专门意识工作为职业的贫士、寒儒等构成，其由下层阶级加入者甚少。这些人等到由科举制度加入士大夫阶级以后，若作官吏，自不用说，是地主兼乡绅，势力愈大。而更常常有的，却是由考试的失败，渐渐变成贫士、寒儒，或转入纯粹的意识阶级，变为文人学士。这种转变以后，每每落入专门意识工作的一阶级，依赖领薪生活——坐馆，作官吏的幕客等——而把原来的小资产阶级的地位失掉。这是这个社会阶级层的又一个转变。

至于直接由纳粟或纳赀入官的，自汉以来实占官吏的次多数。这种官吏的意识和士大夫阶级的当然不同，所以有人说中国官吏是一个特殊的官僚阶级，其实并不然。中国的官吏，乃是由各色人等凑成，并没有独立的阶级意识。考取官吏的方法虽只是一个科举制度，但其所取的是士大夫、地主、资本家的子弟和其他人等。另外官吏的来原，除纳粟、纳赀的不算外，还有由下等阶级兵士的叙升，或由土匪、游民的招抚（军阀一部分，常是由这种下层阶级构成）等等，这些都不是例外，无论什么时候，都是官吏的主要分子。官吏集团既是这样一个复合体，所以其意识极不一致。比方，由士大夫阶级来的，即以维持风化，奖励忠孝节义的意识为主；由地主和资本家子弟考取或纳粟、纳赀入官的，都以其各自的意识为主，如历来盐政，多是盐商把持，其职权几乎是阶级的世袭；至于以游民入官的，其意识更是不同。所以官吏的构造和意识，都不一定，他只是一个代表各阶级意识的集合体，当然不足成为一个独立阶级。这样复杂的官吏构成以后，其转变亦是各随其所代表的阶级而不同。比方，原来的兵士、游民，或地主、富商，为仰慕风雅，渐渐转入士大夫阶级；而更有的乃是各种官吏运用其剥削搜括的权力以及使薪俸变成高利贷资本——有时是被禁止的，渐渐使贫士寒儒、土匪游民，变成豪绅、地主、资本家，也加入上层组织；而原先的地主、资本家，或反被剥削侵蚀而零落。这是小资产阶级社会各阶级层最有效的一种转变。

社会上各阶级层除由以上种种原故转变以外，还有天灾人祸、兵匪年荒等等意外的侵蚀。中国社会上有两句古话，说"三十年河东，三十年河西"，又说"没有万年的天子"。这就是说，权势、富贵都靠不住，三十年就会一变，虽皇帝也是要倒的。这就是阶级层转变的现象，或急进，或迟缓，或明显，或潜伏，刻刻不停的转变，遂造成社会各色职业的人等、错综复杂的现象和历史上五光十色的变化。但不论怎样转变，而其社会，仍然是以农村商业的经济活动为基础，所以其社会形态，永久还是一样，还是小资产阶级的农村商业社会。

六　结　论

本文所要说的意见，大略如上所述，另外还有几点，以篇幅关系，暂时不说，现在引别人的几段话来作本文的总结：

既然这几百万户的人民，有相同的经济条件，使他们的生活方式、教育程度及经济利益，都和其他阶级不相同，甚至于和其他阶级相敌，那么这几百万户的人民，便组成一个阶级。但是在这些田地很少的农民之间，只有地方联系，没有全国的结合，而且他们的利益虽然相同，却不是共同的利益，既没有共同的利益，便不能造成任何政治组织，因此，这几百万户人民同时又不组织一个阶级。他们因此不能用自己的名义在国会里或国民会议里，拥护自己的阶级利益；他们不能自己代表自己，而应当请别人来代表；他们的代表，应当同时就是他们的主人；他们所信仰的威权者，应当有无限制的国家政权，替他们尽保护之责，而防御其他阶级——在中国是其他国家——仿佛能从天上落下雨，射下日光来给他们似的，所以田地少的农民之政治势力，最能完全表现于以行政权强制全社会的现象里。

——《路易拿破仑之雾月十八》

这一段话，本来不是为中国说，但除过应用于中国社会和国家以外，几乎再不能得到同样的确当。这里我们只要指出中国社会上是否只为"几百万户""田地很少的农民"。如果本文所断定的"中国社会只是一些没有雄厚势力的小地主和小资本家——小资产阶级——做基础"，这话若有词句上的错误时，可再引另一个人的话来作参考：

且即就中国的大土地所有言，其土地面积，也不如欧洲样的是几万顷，而至多之数，只为数百顷，且大多数还不过数十顷……

——《中国革命根本问题》

其实"数十顷"也是极稀少的事，这个事实，可由几个统计确实证明。

据北京农商部的调查，耕地未满十亩的农家，要占全体农户的三分之一以上;而百亩以上的农家,只占全体农户的百分之五;介在中间的,以十亩到三十亩和三十亩到五十亩的农家为最多——表在《中国产业革命概观》中全引。

又据武汉政府时代中央农民部的统计,全国农民和土地的分配如下:

	亩数	人数	占有数
小农	1－10	44%	6%
中农	10－30	24%	13%
富农	30－50	16%	17%
小地主	50－100	9%	19%
大地主	100 以上	5%	43%

据这个统计所示,从一亩地到五十亩地的农民,要占全体的百分之八十四,而五十亩以上的地主,只占百分之十四,可见是田地很少的农民为最多。又五十亩到一百亩以上的地主,要占全体耕地的百分之六十二,即在一半以上,可见还是地主的势力大。但占有耕地一半以上的地主,如果只是一两个人,那就占几乎中国领土的一大半,都握于这一两个人手中。这一两个人,纯粹组织地主阶级的封建国家,也不是不可能,但其实,这一半以上的土地,还须有全体农民中百分之十四的人数来分配。这就是说,假定中国的全体农民数为三亿三千六百万人,则其中至少应有三千四百万人来分配这百分之六十二的耕地,这岂不是地主的势力也剩的很可怜了么?其结果,恐怕能作“数百顷”的较大地主,也是凤毛麟角。而且再把这些地主东西南北分散开,老死不相往来,他们除过一点共同的意识以外,恐怕永不会有共同的团结。这就是中国社会的基础,只是小资产阶级,而小资产阶级又无雄厚势力和共同组织的事实。

以上虽只是农业方面,商业者资本分散的情形没证据,但我们看中国农民既占这样巨大的数额，在全体人口的百分之九十以上，则商业者的存在，若不是依赖农民，几乎不可解释。商业者既是以农民作他的唯一主顾——虽然不是唯一的——则商业者的势力要超过农民以上，恐怕也是绝不可能。这就是说，农民并不是不生产的，而且是自己属有生产工具和资本，他当然不能一任商业的剥削，以助长其势力。况且这样巨额的农民数目，另外还包含一个统计的意义，是农产物的丰富——否则农业劳动者绝不能这样众多，而必有大部分从事其他的生产。农产物的丰富也就是说，商业者商品，必是由农业劳动者供给，而不是由资本家的工具——工业——制造，有这两种事实——农业者既是商品的购买者，又是商品的制造，则所谓商业者，不过是地主与地主，农民与农民，交换其产物的一个工具机关，他的势力不惟不能超过农民，而且是依赖农民的，那他的存在和繁盛，必然是随著农民的状况而决定，那末，农业的势力既是分散而不集中，则商业的劳力也是分散而不集中，自然就不必待统计的证据已可推知无误了。不过——我们不必再详说——农业的产物，也是非有商业者的交换不能发生价值，即是农业地位和其地主的地位，也是必须依赖商业的，这是所以使小资产阶级只能构成农村商业社会，而不能单独构成完全地主阶级社会的主要原因。

这样小资产阶级和农村商业社会的其他形态和组织，也须都是必然的。

五月三十日

原载《新生命》1929年第2卷第8号、第9号

中国社会的前途

一 引 言

中国社会的问题,近来有许多人把他当成是谜,其实并不是谜,只是我们把他弄成谜了。中国社会无论从现在或从历史上,都可很明白地看出许多特点,足为我们认识他的依据。正如一个人一样,他有许多语言动作,已很足表示他这个人的特点,供我们认识了,但我们却不注意,只是东拉西扯,找来许多原则,解释这个人,结果原则愈多,解释愈纷乱,这个人还认识不明白。我并不是说参加中国社会问题讨论的诸先生都没有认明白,其实都已认明白、说明白了,我只是正如贾宝玉说王夫人的话,"太太原不糊涂,都是被菩萨支使糊涂了"。中国社会所以成为谜的原故,正是如此,我们大家都被许多原则支使糊涂了。

我这个话,并不专指某个人讲,惟最近陶希圣先生在一篇文章里——《中国社会形式发达过程的新估定》,说明要大家讨论、批评,我就顺便以陶先生举例来说。

陶先生过去对中国社会的诊断,本来已有许多极正确的见解,但是近来不知怎样,特地把两个原则看重,以为"没有三千年之久不变的社会,何况生产力的进展在中国历史上很显然"(《中国社会史论战》第三辑第三页)。按这两个原则的意见,是说中国社会自西周至清代,应已有许多变动,不能还是一个形式,理由是因为时期过长，而且生产力显有发展。陶先生因被这两个原则支使的结果，乃改变他从前的意见，把西周到清代的社会，又重新加以估定，分成数个不同的阶段，他所分的阶段是否，且暂勿论，只是他这两个原则，却显然不是这样用法。“没有三千年之久不变的社会”，改成更原则的话，应当是说，“没有永久不变的社会”，这自然是对的。但是这个“永久”，只是指“永久”说，决不能以三千年或五千年做界限。陶先生凭什么理由断定三千年之久的社会就应当变呢？我们通常所指的“原始共产社会”，是泛指人类原始时代的社会言，但是那个原始时代，即恰当于原始共产社会的时代，应有多少年呢？我虽不敢断定，但也恐怕决不止三千年罢！以地质学上的年代论，从始石器时代到新石器时代，即以最少的数目说，也应有五六十万年，若照陶先生的原则，“没有三千年之久不变的社会”，那末这个原始时代的社会形式，单开列其形式的名目，也够一本书了。陶先生立这个原则时，毫没有注意到他的下一个原则所包含的意义，那一个原则是说，“生产力进展，社会就要改变”。但是假如生产力不进展呢？社会当然也不会改变。生产力不是凭空能进展的，他有他的基础，比方生产的工具或技术长期没有改进，他的生产力自不会进展，那末生产工具或技术的改进，应当是三千年一次呢，还是五百年、三百年一次呢，恐怕这个问题是谁都答不出来的。

至于这第二个原则，“生产力进展，社会就要改变”，固然是对的，但要应用起来，也是须十分审慎的，比方所谓“进展”，究竟指多大的限度？不论马克思不这样呆笨来确定他，恐怕从来也没有人去确定他。即如一部织布机器，由一天织五丈布改进到一天能织十丈，这个生产力是进展了，但对社会形式的影响是怎样呢？中间固然也有应行注意的地方，但是若说因这相差五丈的关系，就可以把机器工业社会变成一个另一形式的社会，恐怕不可能罢！近世欧洲资本主义社会自工业革命以来直至现在,中间生产力上的改进,已有甚大的度数,因此其社会的本质,亦已多少有所变更,这是不能否认的。但是资本主义社会的基本结构和形态,却甚少差异(差异是有的),可看“生产力进展,社会就要改变”,这个原则固是,但是要紧的还应当看发展生产力的工具改变到如何程度,而这个程度,又决不是数目字上的决定,而乃是本质上的决定。我们极了解由手工业变成机器工业,本质上差别很大,其社会也随着改变了,但却从没有人讲起过手工业者的手工,从一天纺一磅纱线加到一磅半时,其社会会起了根本变化。然而我们的陶先生却从这点发现了中国社会的新估定,他以为一亩地生产一石五斗谷的汉初是一个奴隶经济为主要地位的社会,每亩地生产两石多的西晋就变成一个封建庄园时期,而每亩生产三石的宋代就是先资本主义时期了。虽陶先生估定的根据,不是这样简单,不过陶先生显然认定这就是生产力的进展,也就是社会形式改变的基因。

我并不是对陶先生的研究全站在相异的地位,陶先生愈这样细心研究,其实是愈引起我的钦服。陶先生那种“想把中国历史通前到后细看他一回”再说的精神,我是十分赞同。不过在陶先生细细看中国史时,却有类似于这些个的菩萨来支使他,我认为是极可惜的,不知陶先生以为如何?

以上一片话,在本文里只是附带说及的,其所以要说及的原故,只是作者的一点愚忧,以为我们研究中国社会,应当少立原则,多懂中国社会中各种组织、形态所包含的意义为是。这一点愚忧,有同好的诸先生接受与否,我不知道,现在且入正文,说中国社会的前途。

二　中国社会的本质

过去的中国社会,是现在社会的本质,现在中国社会将要有什么样的转变,自然非从他的本质上考查他不可。但是这个本质,争论了这么几年，还没有弄清楚。近年各家对于中国社会的论著，极尽绚烂瑰丽之能事，美不胜收，但是仍旧各执一词，几无两个相同的意见，使我也无所适从，无已，我只好还用我的老意见。我以为中国社会，自秦汉以来直至最近，本质上改变很少，还是一种形式，到了最近，虽受资本主义的侵略，已起了变化，但是他过去的本质，大部分还残存着，这个本质，我当称他为“农村商业社会”。这个意思是说，中国社会自秦汉以来乃是由散布在各地无数农村中的地主阶级做基础，而因为农村间需要产物上的交换，遂有较发达的商业，但是商业者的商品制造和市场，全以农村为主，所以虽有商业，而是农村商业，异于以工业为基础的城市商业。同时农业亦非完全封建时代的自足经济，而需要商业上的调剂，这样就构成一个既不是完全封建的也不是城市工商业的“农村商业社会”。就农村中地主和佃农或奴隶间所保存的封建剥削关系言，也可以称为“半封建社会”；就其商业的较封建社会为发达言，亦可以称为“前资本主义社会”。不过这中间的农业者——地主——和商业者——资本家，显然不是独立存在的，是互相依赖的，所以或称半封建，或称前资本生义，皆不足以描摹这个社会的经济结构，因此称他为“农村商业社会”。

这个社会的基础，我已说过，是以地主和商人的结合体为基础。中国社会的地主同时也是所有商店的老板，而商人同时也是属有广大土地的地主，所以地主和商业资本家并分不开，这是这个社会的特点之一。其所以构成这样的一种关系，实是由中国特有的农业技术决定的。中国的农业，不能大量的生产，但同时却有超过封建时代的生产力，农村的地主家庭，都是一个除满足其自足的需要以外尚有相当剩余的家产，这些相当剩余就决定其对于他方面的需要，所以中国的地主，同时是一个地主，而又是一个商业的经营者及高利贷资本家。试看看乡村的情形，这种结合关系或两重的表现是毫无足异的。

但是也惟其因为这种原故，中国社会不能有大地主，不能有大商人。其所以不能“大”的原故，根本原因即因为商人全以农村为商场，但是农村的中心地主阶级，却决不需要大的商业者，商业愈发达，商业资本的剥削当然要增大，对于地主本身不利，所以自汉代以来皆有“重农抑商”的经济政策。而且地主阶级除产物上的调剂外，亦不需要大规模的输出入，商人的商品市场，都依赖农村，农村对商人的需要如此，故商人不能为大规模的发展。在另一方面，地主的经济，全赖商人为调剂，在经济上商人占有很重要的势力，决不能使全部土地集中于少数地主之手，结果土地只分散于无数的有产者手中，决不能大量的集中（中国土地的分配，除皇亲国戚用超经济的方式能取得较多土地外，普通农村有五十亩以至百亩以上的，皆为地主），因此商人与地主互相牵涉，互相都不能大规模的发展，即是商人不能独立发展为商业资本主义社会，地主亦不能发展为完全封建社会，于是在各地只极分散的存在无数的小地主和小商业者，这和“小资产的性质”，是中国社会的特点之二。

再次，因为中国社会普遍存在的都是这些小规模的地主和商人，而他们又都以农村为活动的中心，所以除过临近的农村外，较远的地方彼此关系极少，遂形成社会上极分散、极松懈的现象。因了这种状况，社会上绝无统一势力，遂能任由一个异族或野心家所征服，以封建军事领袖的权力，统治他们，虽万分专制，而亦莫由反抗，除非到了万不得已时，才“揭竿而起”，“成者王侯败者贼”。这种社会组织分散，允许封建君主的存在，是这个社会的特点之三。

我举出中国社会的这三个特点，可以说自秦汉以来直至最近，两千年来实未尝改变过，还是这样的一种社会。关于这一点，虽有许多位和我认识的社会不同（如有以为系完全封建社会的，有以为系商业资本主义社会的），但也同意于未尝变更一点。但近来又有许多异说，我也要附带的说几句话。在这两千多年中间，若单举出社会上某一个形态说起来，不是没有差异，如有的时候奴隶形态特盛，有的时候则否，有的时候世族观念特盛，有的时候则否，有的时候地方割据特盛，有的时候商业较为发展，俱如此类，若我们单就一二点说起来，往往很容易误会他们中间有差别，但是请各位主张有差别的莫怪我说，这实在是一种误会。社会上的形态，不要说仅就一件两件，即使依据十件八件，甚至再多点，若忽略了他们中间的关系和存在的基础，那也是不会有结果的。即如现在的英国，若把他社会上各个形态分别拿出来看，就有君主，有贵族，有僧侣，有绅士，有资本家，有工人团体，还有其他，这样你能了解英国是一个什么社会呢？我们读中国史书，有的在《汉书·外戚传》发现了窦广德四五岁时为人略卖为奴，就赶快说秦汉时是奴隶社会；又有的在《史记·货殖传》看见白圭、猗顿诸人以商业起家，就说春秋、战国间中国已开始转入商业资本主义社会；有的看见明太祖封他的儿子们做王，就说虽在明代，尚是封建社会；而有的却看见宋代钞币很盛行，已说宋代已是十足的资本主义社会。像如这种办法，中国社会问题即使再争论一百年也不会得到解决！社会上某一形态在某一时期特别显现，本不足重视，主要的是应看他所以显现的原因和其基础结构。比方我们普通看见宋代的商业特别显现，但是为什么能特别显现呢？照我的解释，只是半因于农业技术程度上相当的发展，半因于交通区域的扩大，这样，即使商业再发达一点，也不能看成宋代是已进一步的社会形式。如果要以宋代是已进一步的社会，即是说已转变为商业资本主义社会，那末至少也须在宋代找出极发达的手工业来。关于这一点，也许有人能依照《萍州可谈》一类的书举出手工业发达的证明,但是不要说别的,那时手工工厂有无都成问题(试看《宋史·食货志》所载蔡享招募工匠铸钱的办法即知)。工业既非普遍的发达,那商人的商品除一部分外,大都仍须依赖农村,那社会的基础构造又有什么变更可以说已转变为另一种社会呢?如果单就商业形态一点说,那就无怪乎有人说中国虽在伏羲时代,已有商业资本的作用了!

三 最近中国社会的变动

中国社会真正的转变,实自最近始。最近所以发生转变的原因,固然帝国主义的侵略、资本主义的侵蚀为主要的原因,论者已甚多,我们不必再说。但是我也要说句原则的话,社会的组织决不能是物理的组织,好比一块石头一样,用铁锤一击即行破裂。他的所以发生变化,实是从他内部发生的作用。中国社会内部已发生的破裂作用,说起来很简单,实只是由于商业的畸形发展。旧日中国商业的性质,本是农业生产的调剂者,他的过甚发展或欠缺,对于生产者皆属有害,但也因为如此,他也不能脱离生产者所需要的限度特殊发展。但是到了最近百年以来,却全变更,他在资本主义国家的奖掖之下,开辟了新的生路,他的背后有资本主义国家供给全部商品,同时又作他的市场,遂使商业者完全脱离农业的束缚,独立发展,产出中国从来未有过的大商业组织。中国商业的这样发展,可恶的地方,尚不单在平常商业资本的侵蚀、剥削作用,最可恶的是他乃完全和本社会的关系脱离,他的基础乃全建筑在另外一社会的基础之上,明白说来,他已成为资本主义国家组织的一部分,而对于本社会的经济上,除破坏、除剥削外,几别无关系。在这种状况下,中国社会上广大存在的农业生产者又那能不破产、不崩溃呢?

中国的商业者已成为资本主义国家组织的一部分,这话并不过火，这是最近百年以来中国商业的特点，也是半殖民地的中国特有的现象。中国商业既变成这样一种状况，是中国固有社会转变现象之一。中国商业的性质既已转变，那更广大的农业者呢？农业者在破产、崩溃的趋势之下，其不能维持的，固早已流入土匪、兵士式工人的队伍中，其较好的亦大多十分穷困。惟其间也有几种差别，如较大的地主，他有多的土地出租于佃户，自可以加重佃户的剥削；而较小的地主，如在中国北方常有的现象，其土地不是出租，而是由半农奴的佃农，住在地主家中为之耕种，还往往生出一种奇特现象，即地主亦因担负过重而致破产，而佃户反因无所担负，每年分有一定的粮食，渐致富裕起来。但是不论怎样，有的虽然较好，而普遍的趋势，准是倾向于贫困的。所以不论什么地方，饥饿的人尽管成群结队，而土地总是变态的过剩，无人购买。其所以构成这种情形，固不仅商业资本的侵蚀作用，军阀的剥削自为一重大原因。农业者除或快或慢的逐渐破产以外，另外一部分能勉强维持的，乃是为附属在其他资本主义国家的商业者做了奴隶，替他生产原料品，以输出于外国。总之，不论怎样，农业者已丧失其在中国社会的固有势力，或说是将要丧失，却很显然。在从前，商业者本来是依赖农业者而存在的，到了现在，农业者的命运，已须由商业资本家决定了。这种地位的转变，是中国固有社会转变现象之二。

照这样说来，现在中国的商业者，因假借外国资本家的虎威，他在中国社会上已显成了中心人物。但是虽然如此，中国的商人究竟还是中国人，他们的整个组织虽是附属于资本主义国家的一部分，但是他们所赚的钱，究竟还不能全送到外国去，必有一部分流通于中国社会。这部分钱，除过吃喝嫖赌、买卖公债以外，还有一种较正当的用途，是投资于各种事业。这部分“投资”，即近来所盛传的“民族资本主义”，颇有人根据这点，以为中国社会已有资本主义的倾向。这种倾向固然也是不能否认的,近数十年来,中国社会上已不断的有各种工业组织发生,这种组织的发生,自是中国社会从未有的现象,也可以代表其变动现象之一。

因为工商业的发展,中国社会上开始有了较集中的组织,如各地的商会、工会,不惟已不断的发生,且久已在社会上占着很重要的地位。中国的政府自清末以来,已显然受有这种势力的影响,到了最近,尤其显明,历次政府皆很明的以资本家的意识做后盾。这种集中的组织,是旧日中国社会上所最缺欠的,而近数十年以来已开始发展,这也是很明白的变动之一。

像如这类变动,还可以举出几点,不过即就这几点说,已很可以看出和我们前边所举的中国社会原有的特点相差绝异。我们看了这种差别,能够决定中国社会的前途是怎样呢?

四　资本主义社会可能么?

我们看了最近中国社会的变动现象,仿佛很容易得出一种结论,即他似乎已有资本主义社会的倾向,或说他正在进行"工业革命"。比方照上节所说,如大规模的商业组织早已发展,他已吸去了内地的小商业者,内地的商业者即历来以农村为中心的商业者,都已全部破产,而各大商埠的大商业者都时刻在增加,此其一。其二,工业组织已慢慢在交通便利的区域发展,其事实已很明显,不必再举证明。其三,为工商业上便利的交通组织,如铁路、汽车路、轮船、电信等,皆已逐渐普遍于内地。其四,农业的破产和农村中破产后的农人,都倾向于加入都市做工人,尤其是环着都市附近的农村,几已全部变成都市的附属品。一切这些,都极有似于欧洲工业革命前后的现象,因此中国社会上最普遍也最一致的意见,即正是努力企图建设一个工商业繁盛的国家。

但是我们这种企图是不是可能呢？中国社会是不是真能成如欧美一样的资本主义社会呢？假若我们能稍微对前边所看见的各种变动现象再细心分析一下，实在觉着其不可能。其所以不可能的原故，尚不单在帝国主义者的种种束缚、压迫，使民族资本主义无由发展；也并不是因为世界的资本主义最近已到了第三期，将快消灭，绝不再等中国社会的加入。其所以不能到的真正原因，乃是因为现在中国社会的那种资本主义倾向，实在是变态的倾向，而不是应有的倾向。假使照中国社会的现在状况自然演进下去，恐怕只有全部破产，全部灭亡，绝无变成繁荣的希望！

为什么这样讲呢？

首先我们要认清现在所有资本主义倾向，实在是变态的倾向，而不是正常的。今先就商业资本来说，最近中国商业的发展，全是以外国资本主义的发达而发达起来的，并不是因为中国社会的任何需要。外国的商业，只是为吸取中国社会的富藏，以充实其自己的社会，中国商业乃完全受其利用，不过在贩运原料品和外国货中间稍得其余沥，其兴替隆杀完全握于外国资本家手中。按中国社会的现状说，并没有发生大商业组织的可能。试想中国的农业已全趋于崩溃、破产之下，向来本已微弱的手工业，更屈伏于外国机器工业之下，而中国的工业又没有同样的发展起来，在这种情形之下，而商业乃特别发达，其不是变态的发展是什么呢？惟其因为是变态的发展，所以其结果亦不难预料到，即在中国社会因被侵蚀衰落至平均度数以下时，外国资本家必来直接统治（现在已到此地步），或对外贸易必突形低落。若依前者，固不待说；即依后者，中国商业亦非衰落不可了。

其次，我们再看看所谓“民族资本主义”。我们前边已说过，中国商业固然是一种出卖社会的组织，但同时也有一部分余沥，流通于社会，以培养其元气，这自然是事实，因此也颇颇的有工业发展的现象。但是中国最近发展出来的工业，实际上还多是外国工厂，民族资本不过是占其一部分，这且不谈。至于民族资本主义发展的结果，对中国社会是否全属有利，也暂勿论。只是即全当作有利看，而中国民族资本主义发展的前途，实在是希望极少。希望所以少的原故，我们并不必指出中国的封建势力浓厚，为其发展的阻碍，也并不必指出帝国主义者的压迫、破坏，实际上是在中国那种变态的商业资本之下，不惟不能促进中国工业的发展，而且他是正和外国的资本家一样，决不欢迎中国工业发展的。这一点看似奇怪，其实很明显。因为商业者经营外国的进出口生意，其利润要比本国货物大的多，这中间的原因很复杂，我们不必细说。近年往往在抵制外货时期，商人的偷运偷销，直无法免除，这并不是因为商人皆别具肝肠，实因为他们的全体组织，已本是外国资本主义社会构造的一部分，又谁能阻止他不这样干呢？所以假若中国社会需要愈多，购买力增大了，那末国货工业似乎可以发展了，但同时作走狗的商业者亦格外有发展的机会，而外国资本家亦必格外发展，自不待论。在这种状况下，中国民族资本主义下的工业，决难发展到相当地步，这是我们可以断言的。对于这一层，或者有人说，如果把外国资本家的特权取消了，情形即可改变。关于这一点，我暂且不愿多讲，照我的意见，虽就是取消了，中国商业的性质，也不见其就能改过来，惟一的原因，实因为他们的基础，本是建在外国资本主义社会的基础之上，而与本国社会无关。若使改变为可能，除非是绕一个大弯，即中国工业已经十分发达了，使商业者的生命全建在中国工业上始可。但是这个大弯不惟目前决办不到，而且或会等于梦想，因为那种组织久已很坚固的构成，在这种矛盾状况中，中国工业绝不会以代替外国工业的资格而起来，这几乎也是可以断言的。所以我们若看了中国现社会中转变的现象，若冒然以为和欧洲工业革命前后的情形相当，实不免大误。欧洲商业的发展，乃唤起工业革命的基因，因工业革命更促进其商业的发达，所以欧洲的资本主义社会能逐渐完成。但现在的中国却不然。中国商业愈发达，实愈是外国资本主义在中国发展的结果，他的发达可以说乃是唤起外国工业的发达，而对中国工业反无形中与以莫大阻碍。我们应始终认明白，近百年中国商业的发达，不是中国社会需要的结果，而乃是外国资本家需要的结果啊！

但是中国民族资本主义发展的前途很少，尚不单在这种变态原故，即以正常的关系说起来，也是希望很少。我们要明白，近年中国民族资本主义的相当发展，并不是中国社会繁荣的结果，只是因国际贸易的发展，变态商人以其余沥所得，投资于国内工业上。国货工业最大的希望，是抵制漏卮。因为中国年输入外货数万万元，假使此数万万元外货悉以本国货代替，那不是中国社会就要富足了么？但是在这中间有几种极矛盾的现象，使他决不可能。第一，国货工业的资本，大部分既都是从经营对外贸易的商人得来，假若外货是抵制住了，对外贸易的数额，自必随以减少，其结果工业资本的来原，亦必减少，国货工业的发展，自受限制。但是不抵制外货，国货业更无从发展，这是一种无法解除的矛盾现象。或者有人说，国货工业的资本，并不必全恃对外贸易商人的赢余，经营国货业的也并不必全赖买办阶级，国内的蓄积资本和华侨的投资，实为其大部分，这话固然也是。但是国内的蓄积资本，虽无统计，然在已经遭受长期侵蚀的中国社会，此种资本恐怕出于意料的少。至于华侨汇款，固然为一大辅助，但是以过去的情形看，华侨汇款仅是抵偿对外贸易的损失，其能投资于国货工业上的究能有若干，实殊无把握。以急待发展的国货工业，其基础乃建筑在这两种不能确定的资本之上,那还不是很危险的么?第二,假若漏卮是抵制住了,同时中国的输出亦必减少,因为国际间绝没有纯输出或纯输入的国家,中国绝不能单抵制外货而还能照常输出。若输出减少,中国社会的购买力亦必减低,其结果自亦不利于民族资本主义的发展。假若要增加输出,输入亦必增加,输入增加又适为国货工业发展的阻碍,这又是一种不可避免的矛盾现象。第三,更有一种奇特的现象,是经营国货业的是以挽回利权,夺回外货在中国的市场为最大目的,但是经营对外贸易的商业资本家却决不利于如此,其结果必产出商人与工业者的冲突。最近在上海即显现了这种现象,上海的国货业者和买办阶级已显然立于对立的地位。这种对立的结果,恐只有国货业者是失败,因为他们的股本,大部分都是从买办阶级得来,即是他们经营出入口事业的余利。所以国货业的需要虽尽管高涨,而久久不能前进的根本原因实在此。

总之,因了中国半殖民地的特殊商业组织,民族资本的发展,无论如何和国际贸易息息相关,但是中国国际贸易的发展,于中国工业的发展大不利,而对外贸易的减少,亦于工业的发展大大不利,在这种矛盾现象之下,中国的民族资本主义又那能发展呢?何况我们再就普通的情形说来,中国民族资本主义发展以后,他们的市场和各资本主义国家决不同,各资本主义国家有广大的殖民地为其市场,而中国却绝不会有,中国的工业品只能以本国为市场,现在国货工业者最大的企图也在此。但是我们试设想这个市场的状况如何。这个市场乃是一个满被资本主义侵蚀,日趋于破产的市场,资本主义愈发展,这个市场只有愈缩小,市场愈小,又那里会有资本主义的发展呢?

以上所述的现象,或者不是绝对的,或当有补救的方法,但是我们也应注意到,半殖民地中民族资本发展的困难,或亦当更有出于上述诸现象以外的。总之,若希望中国资本主义社会的迅速构成,实在是希望很少的。资本主义社会既很少可能,那末,中国的社会该怎样救济呢?

五 中国社会的出路

中国社会的前途究竟如何?我以为不应从畸形发达的商业和其相关的各种形态上决定,而应视"农业恢复"的程度和"如何恢复"的条件上决定。中国农业的急待救济,已属尽人皆知,但中国政府和一般社会,对此问题虽甚注意,但究不敌其忽略此问题的力量为大。因为一般人曾经看见过欧洲资本主义社会的初期,农业也有同样的崩溃情形,似乎是到资本主义之路不能免的过程,所以一方面虽甚注意,而一方面却因梦想工商业繁盛的快活,到底也仍是听其自然,只是极力提倡什么"发展产业"。殊不知中国是一个半殖民地的国家,和当初欧洲的情形不同,又如何能很顺利的走向资本主义之宫呢?能救济中国,使中国能避免一切危险,而同样也能走到产业发展道路上的,只有从救济农业入手。

为什么这样讲呢?因为:第一,中国和其他资本主义国家的基础不同,其他国家限于自然环境,有不得不从事工商业的趋势,中国却并不必如此。我们并不应如资本主义社会的学者一样,以为资本主义就是人类社会的极则。其实他们所以成为此种趋势,自有其不得已的基础,并非任社会皆非有此演变不可,在中国的情形上却绝异。假使中国也非走上资本主义社会不可,那末也是应从农业上着想,绝不应是英国、日本式的。第二,中国即不论其过去,即以目前论,从事农业的人,就以三亿三千六百万来说罢,也已是大多数中之大多数,假使照资本主义的过程,非把他们全部破产、死亡,等到一代或两代以后,再逼到城市和工厂不可。这种过程本已是岂有此理的过程,何况中国的工商业何年何月才能发达,足够容纳这些农业者呢?尤其中国的社会事业家,眼看这种过程的演变,而却以发展工商业为唯一的救济方策,岂不是太欠理智了么?第三,即使工商业已很迅速的发展起来了,农村已普遍的工业区域化了,那时即使不要有其他外因,中国也非演成近年欧美资本主义极度的恐慌不可。其实虽在目前中国极幼稚的工业之下,尚常常有产业过剩的奇特现象,何况将来?假使农业者无法救济,即以工商业本身说,也是无法发展起来的。

不过,农业虽急待救济,但是如何来救济?用什么方法来发展农业?这是很成问题的。我们留待下期讨论。

原载《前途》1933 年第 1 卷第 1 号

现代中国的北方与南方

一

北方与南方的畛域，是凡中国人都熟知的，我们虽不能断定起于何时，但试看春秋时代齐、晋、宋、鲁的自称中国，不与楚人合盟，和楚人的联合长江小诸侯，以与齐、晋对抗争霸的情形，恐怕这种南北的观念已经立好。我们不必拿学究的态度，只管叙述历史上南北歧视的情形，只应注意到这种分别的主要。历史上所有扰乱的时期，结果总要演成一个“南北对立”。汉代郡国并行的时候，汉高祖最当心的就是吴和楚，偏偏以吴、楚为中心的七国，真的就反抗中央。汉末虽是三国分立，但实际是一个荆州和许昌对立的局面。两晋时的五胡和东晋，南北朝时的南北朝，更是南北的对抗。隋代和唐代所起的乱事，南方和北方准是两个天地。唐末五代的五十二年间，北方经过了五个朝代，而南方的吴越、南唐、南汉，却各自安享了五十二年。至于辽、金、元和南宋的对抗，更不用说。元末、明末和清初，扰乱的根原都是以南方做中心，清代最易看出的还是太平天国和拳乱的时候。这许许多多，我们都不必去细说，只是要知道这个“南北”，在历史上是一不留神就会对立起来的。

到了民国，在北伐以前十五年间，几乎倒有十年是南北两政府对立。即使两广过于远点，而长江各督向来和黄河各督是居于两种情形。他们的不同，在平时自然看不出，一到有事，即把南北划分开。二次革命时长江各省的连络，帝制时西南的护国军，和直皖、直奉战时长江各省的重要，临时执政时的“五省联军”，都是表现南北各为一个集团式一个区域的情形。

民国以来的纷扰，自然其他实际的原因很多，不过因为南北的历史情形，极易各自联合成为一个区域的关系，实在也是纷扰的根原。要了解中国的政治和社会，这种南北畛域的观念，看起来虽是极不精密，极无根据，但实际上确是极不可忽视的一点。

二

由数千年历史上的情形，自然养成的一般中国人心理，使中国的北方和南方，极易于分立对抗，已经是很重要了。但另外还有一个重要结果，是不惟认定南方和北方有天然的界限，而且以为天下之势，准是“由北而南”的。因为在历史上常是“分久必合，合久必分”，在“分”的时候是南北对立，而在“合”的时候，又必是由北方统一南方。诚然在历史上几乎没有人由南方出发，用南方的势力，以统一北方过，反倒向来都是由北方人把南方征服统一了。这也不用多说，历史上一看就会明白。

春秋、战国末年，统一六国的是西北的秦。亡秦的虽是“楚虽三户，亡秦必楚”的楚做发动，但终竟占了优胜的，还是首先占据西北的汉。汉以后魏、晋、隋、唐的统一，都是以北方做根据而南下。唐末五代虽极纷乱，然也都是北方控制南方。辽、金、元和清，更是道地的北方。明代的朱元璋，虽是由安徽出来，并且建都金陵了，然而毕竟为北方的势力夺了去。民国初年的情形也是如此。历史上这种看似偶然，却是必然的“由北而南”，当然给中国人一种牢不可破的观念，以为要控制中国，必须以北方做根据。尤其是北方人，对于这种观念，更是固执。即连生在昆山的名汉学家顾炎武先生，他算是南方人了，然而他主张关中地形的重要，控制中国有高屋建瓴之势。他又说明中国的都会，历来只在北方，长安、洛阳、北京，而除过偏安以外没有在过南方的原故，更足以证明这种观念的确切。

因为历史上真有这种情形，占据北方，确乎比占据南方为优，所以第三步更养成一种"重北轻南"的观念。一般"逐鹿"的人，都莫名其妙的都要先逐鹿中原，建都中原，于是北方自然成为政治、文化的中心。因为这样关系，一般中国人，尤其是北方人，在政治上既是"重北轻南"，在文化上也是"重北轻南"。南方人虽骂北方人伧荒粗犷，但是这个考语，终敌不过北方人骂南方人轻浮佻薄为有效。历来的宰臣、重辅、元勋、宿将，多一半是北方人，这个不暇细举，试把历代的重要臣僚一览，南方人简直少见。北宋时王安石当了几年政，还有邵雍天津桥上的一叹。这种传说，都可见北方人对于南方人的心理。南方向来是以文学著名的了，然而北方人还总说中国的大师，多是出在北方。远在晋代，连陆机、陆云那样著名的文人，到了洛阳，人都以他是南人，瞧不起他的学问。这种状况，把各家的笔记、小说略一翻阅，随时都可碰到。不过在文学上，南方人瞧不起北方人，也是经常现象。

不过无论如何，"重北轻南"总是中国人传统的心理，讨论到政治上，恐怕连南方人中地域观念极深的人，也是会首肯的。因是，如果要突破历史的纪录，突然有一个时期，说是要由南方统一北方了，这恐怕是最使人怀疑的事。

三

但是我们应当注意，"重北轻南"的观念，是由历史上南北的极易对抗和悠久的北方控制南方两种现象造成。为什么南北极易分立？为什么必是"由北而南"？是应当研究的问题。至于重北或重南，在事实上需要重那里，就可重那里，这是不必口舌争的。只是若受了传统观念的束缚，用起演绎的方法，以为两千年来是"由北而南"，那末以后也必是"由北而南"，就不免有危险了。

所谓南北的分别，究竟以什么地方做界限，这是不能精确的，普通总以黄河和长江或江淮做大端。就以这样大体说来，南北已实有分立的可能。南北的气候，几乎一到淮河就有很大的变化，历代南方常以这个天然的武器，阻止北方人于非不得已时南下。古代的史籍上常以"瘴疠"描写南方，北方的土著到现在说起这一点还是很可怕的。至于南方人受不惯北方的寒冷干燥，也可以从现代居留于北方的南人中推测出古代的情况。以是及于一切饮食起居、生活形态，都有显然的鸿沟。但在北方和北方，南方和南方中间，这些鸿沟，却是留的极少。这已使北方人易于集为一群，南方人集为另一群了。

因为这种气候和生活上的不同，更重要的影响到经济方面，使得南北两方几乎没有社会的关系。普通生活所必需的米麦、油盐、丝麻，在北方和南方，只是各自独立的供给，绝少互相的给济。最显明的是米和盐，因为北方常需要米，而米的转运，在从前大部分需借政府的力量调剂才成，这就可见南北的商业关系，是极其淡薄、极不密切的。而且更实际的情形是北方对于南方的米，也并不是普通社会的需要，除过荒旱以外，大部分都是销于都会，这种现象恐怕尤其是古代南北商业不能密切的根原。至于盐的来往，更明显。极南极北的不用说了，山东的盐是顺着黄河往上游销，淮盐主要的是江苏和安徽，湖北人吃盐，不从河南去，是从四川运出来。山东盐尽管可以往北到直隶，然而四川盐却不供给陕西，陕西人吃盐是从河东去的。由此可知，经济上的来往，南北是天然分界的。

因为北方和北方、南方和南方的经济关系，较北方和南方，密切的多,所以北方的集为一群,南方的集为又一群,是极容易、极自然的。但是在这种区划中间,北方在经济上终竟有依赖南方的地方——主要的是政府所需要的钱粮——所以使建都北方的政府,都必须征服南方,而南方却常常自恃其富力的可以自足,终是倾向于脱离北方之势,这是每代末造,必要演成南北分立、对抗的原因。

此外,如南北无共同的交通,也是极重要的原因。南北的交通工具,绝然不同,这使得他们相互的来往既少,两方社会的结合关系,当然就更不容易了。

四

照这样说来,中国的南方和北方,就应当永久分立,各自成为一国了,为什么两三千年来终是统一的呢?这个关系,就颇不易明白。原来北方和南方,虽然因为自然环境(Natural Condition)来往较少,社会关系不密切,相互结合困难,但是有一个最重要的地方,是他们的社会基础、社会构造,以至于所需要的意识,却完全相同,这就使他们有为“一个权力”统治的可能,分离只是暂时而不能永久了。中国的社会,无论南北,自秦汉以来,都是半封建的,都是以小资产阶级做基础的农村商业社会。这种社会的特点,是自身没有联络结合的能力,必须共同依赖一个势力才能存在。也惟其因为他们自身没有结合能力的原故,所以常是为封建阶级所侵略征服以统治他们。正当说来,在历史上并没有北方统治南方的事,实在只是他们同样为另一个阶级宰制。他们的社会阶级相同,他们是“同胞”,而统治他们的那一个阶级,虽是出在他们的社会,而阶级性质不同,却是“异姓”。因为这个原故,中国的社会,没有自己结合的能力,没有抵抗另一个阶级来剥削宰制他们的能力,所以才为另一种势力征服统一。因是中国的统一,并不是中国社会自身的能力所造成——如欧美的工商业社会，由资产阶级推翻中世纪的封建阶级而自己组织资本主义的民主国家——乃是他们不得不允许另一个阶级征服、宰制他们的结果。这是中国北方和南方不能永久倾向分立而必须倾向统一的第一个原故。

另外还有一个重要原因，是因为南方和北方的社会组织构造既相同，所以他们产生一个共同的社会意识，以维持他们一般的生活，这个"共同意识"，也做了他们倾向于统一的元素，而且更有力量。这一点虽然很不易说明，但却极易看出，如数千年来不论北方、南方，皆遵守儒家的思想道德，远至直隶、山西北境一直到广东，莫有不以孔孟是"至圣先师"，这并非偶然，一到蒙古的信仰就不同了。这没有别的原故，只是因为儒家学说是适合于这个农村商业社会和由这个社会产出来的意识。这一点的重要，把南北极相异的气候水土、风俗习惯、饮食起居和极分散的社会关系，一到儒家里边，即撞成一团，毫无异议。可以见这种意识力量的主要。

因为中国社会有这样的共同意识，另外那一种要统一宰制他们的封建阶级，就更利用上，来控制他们。而且儒家的教训，也是使中国社会服从这个统治的，所以中国的社会就更倾向于统一了。

五

但是为什么在历史上又必是由北方控制南方，而不能由南方控制北方呢？这个问题，初看似乎神秘，其实极其简单。这并不是因为什么"北方之强"，强于"南方之强"，或是北方地形高，南方地形低，由高易于制下的原故，实际只是因为两层关系。第一层是由于统治阶级。历来封建的统治阶级，本以侵略剥削为本性，假使同样两个统治势力，一个出在北方，一个出在南方，那就必然的是在北方的需要侵略南方，而在南方的这种需要却少。惟一的原因是因为北方的经济供给远不如南方，为维持统治阶级的地位计，北方需要取得南方，而南方却不必统治北方已可维持，所以常是倾向保守的。这在历史上也很显明。塞外的北方民族，戎狄、匈奴、五胡、契丹、女真、蒙古等等，其所以不断的要侵入中国，都是这种经济上的需要。我们知道，凡以经济的逼迫，致构成侵略目的的民族或国家，他对于军事、政治上的组织，和不需要侵略的民族或国家绝然不同。假使这两个民族或国家相遇，因为侵略上有特殊设备的关系，往往是被侵略的国家失败。这一点倒不在文化的高低。凡有侵略主义的训练，不论文化高或低，都是可以战胜的。古代的野蛮民族，往往能征服了开化的民族，与现代的帝国主义国家能征服殖民地，实在是同一的理由——由经济的压迫构成侵略的目的，以至于有适应侵略的组织和设备，以养成侵略的能力。

塞外的民族是如此，塞内的北方统治阶级也是如此。若有分治南北的两个统治阶级，其侵略的目的、计画和设备，北方的必较南方为强，为恒久，为完密，这几乎是定律。历史上最显明的例，是东晋和南宋的时候，以西晋和北宋那样喜欢侵略的统治阶级，一到东晋和南宋，却宁愿忍受一切侮辱保守起来，然而北方的统治者，却始终未曾舍弃侵略南方的目的。三国时曹魏和孙吴的精神完全两样。五代时北方的藩镇互争统治权那样激烈，而南方对于这个统治权却毫不注意，甚至舍弃亦在所不惜。这都是因经济的满足与逼迫，决定能否维持其统治地位，再决定侵略主义需要加深与否的关系。用此眼光，以观察历来由北方征服南方的事实，无不可以解释。

由以上的理由可以说明白为什么常是由北方征服南方，而不由南方征服北方。但是当北方"要"征服南方的时候，居然就"能"征服了，这又有另外一层关系，说来极其简单。

历史上的北方，其势力范围，向来比南方为大。从前的南方，只是指江浙和安徽、湖北及湖南、江西的北部，而且就是这个也不是统一的，往往只是江浙为一个区域，两湖又一个区域。但是一说北方，即包括山、陕、直隶、河南、山东五省，和甘肃、察绥的一部。北方这个境界的划定，远自春秋、战国间已成立——当时的霸君除秦地外即领有这个区域——后来历代的统治者，都是大体上先把这个区域统治了，然后才南征。而且北方这个区域也极易统治，只要把山、陕南部和河南北部几个在经济上和历史上居重要地位的区域占据了，他处即可指日而下。若有了这样大的一个区域做势力根据，以临荆襄再趋东南，自然南方要常常为北方所控制了。

但在南方却绝不能结成这样大的集团。四川、云贵不论在历史上，即到现在，仍然是独立的两个区域，和大局很少关系。湘、赣、闽、粤向来是流徙罪人的处所，不惟北方，即南方有了统治阶级，也没有利用这些地方做势力的。古代不要说，最近到了明代中叶，王守仁做了个“龙场驿丞”，倒以为远的了不起，其实只在江西。要知道虽然秦代就把交趾划过郡，但是五岭的苗黎，到了清代才弄清楚。

历史上南方的区域既已是这样狭小，而且江浙和湖北的连络，远不如从河南直赶荆襄的容易。江浙要统治湖北以与北方对抗，至少非有湖南的力量不可，但是湖南即使最远到宋代尚且不能完全利用。至于安徽，又向来是南北分统的地带，安徽若一截断，所谓南方，只是保有东南的名词罢了，那能和北方对抗呢？

所以历来造成“由北而南”的局面，南方必是为北方控制而不能控制北方的原故，并不是北方有什么特点，只是占据北方的势力范围，要较从前所谓南方大好几倍。东南数省虽然富足，但是那能敌得过北方五省，尤其侵略的工具上，若在北方统一以后，东南无论如何是只有被征服的。何况在政治上、经济上，北方的统治阶级常常有取得东南的企图，而东南要取得北方的企图却很少呢！

以上这种一说就明白、极简单的理由，是历史上所以常常“由北而南”的原因。加以北方比南方开化较早，一说起“中国”，总是以北方为中心的地带做代表，这种历史关系，更足以增加北方的重要。总而言之，历史上中国的形势，由北方控制南方，所谓“由北而南”的现象，是极自然的。

六

但是这种现象，却不是不可变的，不是永久如此的。自欧洲势力侵入中国以来，中国的南部数省，已起了极大的变化，无论在政治上、社会上、经济上、文化上，无不有极重大的改变。现代中国的南方和历史上的南方所有的差异，较之现代北方和从前北方所有的差异，大过不止倍蓰。现在的北方，绝寻不出多少社会元素，和历史上的北方不同，但是南方却就不然，因是南北的关系也就变了。

首先，在地势上，由历代开辟的结果，除因交通上云贵、四川尚有相当的隔阂外，其余九省，已各自都为最重要的势力区域。这九省的密切关系，正和从前的北方五省一样，因商业上的势力，只要把江浙占据，就可控制长江各省，这是和以前的情形完全不同了。两广若无特殊的事实，自然是倾向于这个区域。以这九省的力量，在中国的形势上，几乎恰和从前的北方地位相似。由此南方在政治上的重要，是和从前两样了。

最重要的，在社会上，南方生出了极大的变动。自资本主义侵入中国以来，受影响最深的，自然是南部数省，使得中国原来那种势力极小、组织极分散的商业者，也集合巨额的资本，设立大工厂，开设大公司，以开始实行其商业资本主义。于是都会的发达、工厂的增加、资本的聚积、工人的加多，都是一天一天的在前进着，宛若欧洲工业革命以后的状况，使谁都知道中国的南部是中国的工商业区域。因为这种结果,使中国南方的社会势力,日益发展,从前那种半封建性的组织,已在渐渐侵蚀消灭。这一点的重要,是使南方社会有集为更强固、更密接一团势力的可能。北方社会的中心,渐由乡村移到城市,乡村的封建性小地主,势力必大受打击,而却由更有组织的工商业者代替,因是在政治上所生的影响,自然是不须说的。

另外,现代中国南方在经济上掌握重要势力,远不似从前只是一个"富足"而已。历史上南方的富足,是产物丰,钱粮多,但除过供统治阶级宰割以外,这种富足,并没有支配中国的势力。但是现在可就不然了。全国对外贸易输出额,南方占到四分之三以上;全国的金融资本,百分之九十汇积于上海;而且工业制造品,虽是萌芽,已支配全国人大部分的消费;金融、货物市价,全国都以上海为中心。这种势力,说的切近一点,差不多是握全国工商业的咽喉。日渐倾向于资本主义化的中国社会,南方的势力只有更形增加。

因为如此,在文化方面,现代南方代替了历史上北方的地位。照历史上讲,北方的开化较早,南方是渐由北方开发出来的,但北方开发的文化,是封建社会的,而现在的南方却更承受了新的开发,已走向另一条道路,而这条道路,却是北方尚未走上去的。因为这种倾向,北方几乎有要被南方开发之势,无论以商业、工业或思想方面,说起中国,总是以南方做代表。这并不奇怪,是南方实在居现代中国重要地位的原故。自清朝末年以来,改革中国的计画,发展中国的政策,适应现代社会的制度,以及现代生活上所必要的思想学说,无一不出在南方的介绍或创造。在文化方面,南方的觉悟早已支配了中国,这是谁都不应否认的。

南方这样大的变化,并不必一一指出,只要看南方的实际势力,即可骇异。雅片战争以后,以向来受北方控制的南方,居然能有太平天国那样庞大的组织。太平天国的发动,是由"蛮烟瘴雨",北方向来认为苗黎不开化地带的广西,他能把长江数省结在一起,竟使得向来控制南方,握有“由北而南”历史定律的北方,手足无措,失掉其控制能力。那时的清军如果不是由湖南出动,以截断东南和中部的连络,若单靠北方的控制,实在不知应当是谁家立天下。辛亥革命的成功,固然原因也很多,但是南方的团结,足以推翻北方的统治势力,也是极显明的事实。民国以来,所谓“南方”,是北方统治阶级最麻烦的一个问题,广州小小的而且又常常纷扰的一个政府,竟能支持到十年之久,北方也是无法控制,终于由广州出发,把北方的统治势力推倒。这种种事实,虽不能即刻断定南方要代替“由北而南”的历史定律,但至少“由北而南”的定律是应当重新讨论的。

七

现代中国的南方,既已有如是和历史情形相异的变化,但我们再看看历史上代表中国的北方,展在我们面前的还是历史。

北方不惟很少现代社会的建设,而且保留著很多历史上残余的元素。南方起了那样大的变化,而北方却改变的极稀。因为这种不同的倾向,使现代的北方,在现代的中国居于次要的地位,这种现象也是极易看出的。

北方虽也有几个海口,但在对外贸易上大部分仍然要聚集到南方。这没有别的,因为输出入的货物,多数是由南方供给,所以在贸易上只好让南方掌握重心。皮革、烟草、豆类是北方输出的大宗,但在输出额上都是次等的数目。中国纺织工厂中外人合办的在五年前已有一一八个,而北方的只有二一个;中国的火柴工业也比较发达,而全国的火柴工场五一个,北方的除东三省五个外,只有十七个。北方以重工业的原料为多,但是除煤外,钢铁产额亦以南方为主。其他比较发达的丝织业、造船业、机械业和一般的化学工业、食品工业，北方和南方的差数更大。北方经济势力的落后，已经是历史上固有的现象，到现代更其加甚。

北方的经济状况，既未受现代社会的洗礼，所以普通社会的生活，尚完全保持历史上的故辙。资本主义的侵入农业社会，必然的是使农村经济破坏，但这种破坏，在南方已渐有改向“商耕”的趋势，而在北方，除河南、山东的一部分地带外，几乎完全尚为“自足农耕”，其所受的侵蚀影响，只有日见加重。因为交通的不便，工商业的不发达，使北方的农业社会，急切不容易改变。所以北方的灾荒饥馑，几乎年年皆是，这是不消说的。

北方的农村生活，完全是自足经济，所以封建色彩极其浓厚，土地的占有和权力还是成正比例，凡在农村中占有一大片土地的地主或自耕农，在乡村即有很大的权威，联合这样几个有权威的绅士，即掌握一县的权力，于是统治阶级即代表了这种地主豪绅，以实现其统治权。试看民国以来北方军阀官僚的能那样团结不解，都是豪绅地主的拥戴。最近北方极收效的“村政”，就是封建性质的极好说明。统治者除直接和大绅连接外，间接又和农村的权威者连络，与以管理全村的权力，于是贫农佃户，尽管在这双层的统治权下受剥削。

这种封建地主的权威，对于工商业的发展有阻碍是不消说，商业仍是随著地主阶级的需要供给，他的繁盛，仍是随著豪绅地主所在的地方发展，所以在北方仍是分散极广的市镇，都会自然也有，不过是极少罢了。这种状况，就是中国历来社会固有的形态，也就是允许封建阶级存在的形态。北方的经济社会既如此，文化方面的衰落，更是不足怪的了。直至北伐以前，北方也未消灭了皇帝梦，这是民众思想养成的结果。

总而言之，现代中国的北方，已失掉其历史地位，是无可疑的。

假使说的露骨点，他的欲侵略南方，自然更其必要，但是现在的南方，已绝不是现在的北方所能控制了的。他的地形，他的财富，他的社会势力，他和国际间的关系，从他的社会所反映出来的制度、政策，他所需要的意识，这种种方面，他都抵不过南方，或是不足应南方的需要。即以兵力量上说，因为南方已大半具有现代国家的意义，而且因其经济势力的雄厚，对于战斗的各种工具上，实在有较优于北方的可能，在这一点上，也是使北方失掉其历史地位的因素。这样，“重北轻南”的观念和“由北而南”的历史定律，岂不是应当暂行取消么？

八

但是这样说来，现代的中国，既不能由北方控制南方，那末应当是由南方控制北方了么？但是这也不尽然。从前所谓由某方控制某方，是站在社会以上和以外的统治阶级支配全社会的方略之一。假使社会的统治者不允许这种外来势力的参加，而由社会自己团结，自行产生合于自己利益的政府，这称控制的方法，是不须讨论的。比方国都所在的地方，在从前半封建的时代，必要选择占优势地形、可以俯视各方和有险可守始成。这些条件，在资本主义的社会就决不需要，因为即使都城占有如何优胜的地形，若在政府的政策荒谬的时候，反抗者并不必到都城，只要把几个重要经济区域占领了就够了。所以近代国家的都城，只是以占据国家的中心，交通便利就够了，因为现代的政府只是一个执行机关，并非是支配、控制的机关。同样的道理，即使南方或北方，无论那一方占各方面的优胜，若是在社会势力发展以后，政府中缺少了任何方面的势力，都是不行的。这就是说，北方要用封建似的权力来控制南方，固然已不可能，但南方要来控制北方，也是以同样的理由不可能。这也有种种原因。

第一,照目前论,北方虽以经济文化的落后,不足与南方抗衡,但北方以五省的势力,若其封建性质仍然团结不解,再加以统治得宜,团结在一起,这种势力,也绝不是南方所易于控制了的。因为北方的农村经济,虽受侵蚀,但若治理得宜,也不是不足以维持统治阶级的地位。况且南方和北方的社会,目前是很有差别的,在这中间,治理的方法也是极应讨论的,若以一般的政策应付,虽不至即以此生出扰乱,但至少收效是极缓的。所以北方控制南方,目前固然不可能,但以南方控制北方,也是有很大的困难。因为如此,中国要实际能统一,除非都抛弃了这种控制政策,以发展社会势力,使其自行产生政府始可。

第二,若离开目前,再稍往前一看,则北方的势力,并不是永久会衰落,在新社会的需要上,北方有极重要的原料品,将来若中国的工商业伟大的发展起来,则重工业上的煤、铁,必须仰赖于北方,那时恐怕北方更占重要势力。好在那时已绝对要不著某方控制某方的问题,当然是由社会自行治理,不然的话,那时的北方,恐怕要复活“由北而南”的历史定律呢!

总之,中国的南方和北方,天然应当是一个统一区域,而不应当有分别的。他们的地形,他们的社会状况,他们经济方面的相依存,以及更不须说的,他们的历史文化,都是使他们相结合为一的。不惟“由北而南”或“重北轻南”的封建遗训不应有,即连“由南方或由北方统一”的思想也不应有,根本是南北的畛域观念即不应有。将来由交通工具的增加,使南北人民的生活上消除了隔阂,更由社会势力的发展,以增加了他们的密切关系,在最近的将来,必是一个团结极为坚固的民族,这是可断定的。

九

以上我把现代中国北方和南方的关系，说明白了，最后，我还要加点赘语。这样庞大的中国，单以内地北方和南方讲，其情形已这样复杂，若把东省蒙回藏各族连上，其复杂情形，更不待说。在这里边，各地的情形复杂，是极易看出的。各地的情形既复杂，若要施以"单一的政治"，恐怕是很不容易妥善的。我们所谓"政治"，并不是说能管理得住，或能控制住就够了，主要的是要能使各地都有发展的能力，而且把这种发展，趋到共同的一条路上，才是正理。这种政治，就绝不是易于讨论的。不过在消极方面，我以为有几点是容易注意到的。

第一，欧洲的民主政体，是近代资本主义社会最适合的政体，资本主义的好坏且不必去说，中国现在虽然很显明的是倾向于这条路，但因为中国各地的情形不同，绝不能同时都走上同一条路的关系，民主政体在中国必会失败，这是民国以来事实已经证明的。即使现代的南方有实现这种制度的可能，但是即不论他处，只在北方，民主制度下的代议士，就非被豪绅地主把持了不可，其结果的危险，在事实上已经证明了。

第二，欧战以后，欧洲最流行的独裁政治——法西斯蒂主义，这在中国恐怕也是绝不能行的。实行独裁的意大利、西班牙、土耳其，他们的境域既小，社会的情形是单一的，若代表这种单一的势力，以施行独裁，这是可能的。若在中国，却完全不然，既没有这个单一的势力以做政府后盾，而且境域辽阔，各地各可成为一个势力。蒙古、西藏不用说了，东三省可成一个集团；现在所说的北方和南方，在必要时都可各成一团；而云贵、四川又各可成一小的集团。如是在统治上，必感绝大的困难。换句话讲，各集团都共同承认这个独裁时，还勉强可行，否则国内各地既没有集中的势力，那能像意大利等一样，实行这种政治呢？这也是很显明的。

第三，如果我稍大胆一点，推论适合中国的政治，则第一点把相近似的社会，有走向同一方向可能的社会，用一贯的政策，使其社会势力发展，然后以这种势力做基础，建设政治，这是可以较为稳固的。如是北方和南方，无论怎样辽阔，自然可以趋向一致。但是要注意，必须以发展社会势力为目的和必须发展同一趋向的社会势力始可。第二点，若社会组织过于不相近的蒙、回、藏，则除用现代帝国主义者开发殖民地方法——不是其侵略主义——外，似乎没有较好的统驭治策。如是在不久将来，在我所意料的范围，中国本部和东三省，或许采用一种近似于“职业代议”制度的政治做基础，以注意于各地方产业上之发展，而使其结合。对于蒙、回、藏，或许为一种较联邦制更密切的制度，以增加和内地的关系，这样可以破除向来羁縻的办法和不合蒙、藏需要的代议士办法，而且可以使其有发展的机会与能力，不过这个行起来当然要更加注意罢了！

至于怎样来发展中国的社会势力或产业，那就非本文所应论及了。

（民国）十九年九月三十日

原载《新生命》1930年第3卷第12号

中国社会各阶段的讨论

一　古书上最先看到的社会

研究古史，据历来的见解，史料虽然成问题，但古书的伪，并非绝对的伪，我们绝不能同意于有许多记载，明明是原始的经历，而偏要说是假造的，是伪的，或竟说是“托古改制”的。这种讨论，虽然是古史的专门问题，但我们研究古代社会，多少要把这种观念改正。我们绝不能承认没有人类学知识的秦汉间中国人，竟能造出石器时代游牧社会的经历，也不能承认没有任何理由而儒家竟会假造尧、舜禅让的学说，如顾颉刚君所称的那样。必须把这种以疑古为能事的观念改正，另用正确的方法审查古史，才可以了解古书上传说的最早社会，究竟是什么状况。

最近郭沫若君曾利用古书和地下材料，对古代社会为极精审详博的研究。他对古书的态度，有的仍持一般的怀疑态度，不愿根据，而有的却又引证，当正确材料看。为什么有的引用，有的不用？我没有发见郭先生考取的标准。他对于地下材料，却完全认为直接证据，如卜辞或金文中说着什么，就断定是什么。对于他这些态度，我不敢苟同，尤其他机械似的把摩尔根所发现的古代社会各阶段，照样全加在中国古书传说的各时代上，颇嫌鲁莽。因此，我觉着郭先生所鉴定的中国古代社会，几乎全应另商。

第一,郭先生以为西周以前全是原始共产社会,是无阶级的,这是很错误的观察。郭先生以为虽在商代,尚是金石并用,文字幼稚,农业初发现,牧畜们为主要生产,而尤其因为商代尚是母系中心社会,且是“彭那鲁亚家庭”,因此种种元素,遂说虽在商代,尚是原始共产制的氏族社会。但其实原始共产社会成立的基因,乃是因为生产技术极低,毫无剩余劳动可剥削的结果。在金石已并用,文字已产生,农业已发达,牧畜已至最高阶段的商代,未必尚能允许伊洛可瓦式的社会制度存在。恩格斯说,“在全盛时期的氏族制度,如我们在美洲所见的,是以极未发达的生产状态,从而在广大地域上仅有极稀薄的人口散布着为前提”(译语从新生命书局出版《家族私有财产及国家之起源》,页一五二)。这个“前提”,显然是中国早已缺乏了的。黄河流域各民族的冲突竞争,已有很古的传说;即如商代,卜辞中所见征伐,即侵略异族的事,不下百余条。恩格斯说:“伊洛可瓦人想压伏他族人的企图所示,正表示他的没落的开始。”因为部落间的战争,实是扩大一氏族,产生阶级的根原,也就是脱离原始共产社会的表现。不惟殷商卜辞中征伐异族且是以“臣仆”征伐的事迹很多,即远在尧、舜时,阶级的朕兆已很明显,如所谓“以亲九族……平章百姓……黎民于变时雍”一类的话。郭先生误于一般的见解,以为有近于儒家正心、修身、齐家、治国、平天下的哲学,或出于伪造。诚然这种政绩有类于儒家学说,但实际社会反映的思想意识,绝不是可以伪造得来的。儒家对于古代生活,与以儒家哲学观的解释还可以(如代表氏族社会酋长承袭方法的尧、舜禅让,本是极平常的事,而儒家却解释为让贤与能的理想制度),若说全出伪造,这是不了解古代生活极偷巧的办法,我们绝不能因这一点疑惑,就断定尧、舜时代没阶级。如果一个社会已经有了阶级,且其工具已进至新石器末期,且已金石并用,这样的时代,其生产力必已发展,绝不能仍在原始共产时代。

另外，郭先生证明尧舜、夏商间仍为原始共产制，举出一个很难教人不相信的证据，他以《孟子》上“二嫂使治朕栖”和《楚辞》上“眩弟并淫”的话，证明尧舜时代尚是“彭那鲁亚家庭”，而商代“兄终弟及”的承袭方法，郭先生也指为“彭那鲁亚家庭”的证据。在“彭那鲁亚家庭”时代，同时就是原始共产时代，固然不差，但是“二嫂使治朕栖”的传说，解释作“彭那鲁亚家庭”固可以，而解释作较“彭那鲁亚家庭”更高几级的婚姻制度亦无不可。在集团婚姻下，舜、象固可共妻二女，而在对偶婚姻下，也并不是不可并淫，况且即到了男权发达，男子把女子当成奴隶，像财产一样的来承袭时（游牧民族多有之，《汉书·西域传》所载乌孙王老昆莫令其孙承袭汉公主即其例），象在假定舜死以后，宣言一切财产该谁属，把二嫂归了他，也不是不可以。所以这件传说可有几个解释，似不能遽当作“彭那鲁亚家庭”的证据。我以为考查尧舜时代社会的主要导线，是尧、舜禅让和四岳十二牧合议的制度，九族、百姓、黎民阶级的分别和“舜始陶”等传说。以这几点看，显然是在新石器时代末期，农业发现，牧畜已至最高阶段的时代，其氏族组织当和原始的拉丁部落相近，而较典型的伊洛可瓦社会为高。当时父权必已发达，所以知道谁是谁的子，谁是谁的父，况且牧畜发达、农业兴起以后，奴隶制度和父系制度，都能适应的兴起。而尧舜时代农业已发达，不惟从“舜陶河滨作什器于寿丘”等新石器时代末期一般的文化可以断定，即从“羲和占日，常仪占月”等测定农业技术上必要的季节工作亦可断定，再从地质调查所在宣化、热河、甘肃、陕西所发现的农业器具已经约略断定的时代上，亦与传说的尧舜时代相当，凡这些都可看出尧舜时代已远不是很幸福地仍在原始共产时代，而是从事农业、牧畜，赶奴隶耕作，有强有力酋长管理的氏族部落社会。这种社会的酋长，当然和封建时代不同，其本质是十足的家长，而奴隶也并不是如后来的农奴等一样只供剥削剩余劳动，其本身直是一件物事。至于其他如流曰凶放三苗、用五刑等，都可为认识这种社会的导线，惟因其关系较复杂，辞繁不具论。

尧舜时代已如此，尧舜时代以后，其社会状况更不难推知了。郭沫若先生以商代"兄终弟及"一点，为母系制度的证据，当然不错，不过我以为虽然是母系制度，也决定不了商代尚是原始共产制。郭先生仿佛把摩尔根那个表看的太呆板了，所以他一直到已经盛用铁器的秦汉间，才说有封建国家成立，而在金石并用的商代，准脱不了蒙昧的中段。其实摩尔根的表本已是极含概的，而郭先生的应用更不免笼统。商代奴隶制的盛行和侵略的扩大，郭先生已从卜辞中明白看出来，这已证明商代已不是原始共产制了。即如商代的婚姻制度，郭先生亦已从《易经》中看出有妾、有媵，"子克家"（《易经》中数提到帝工，当指商代），并且明明有掠夺婚姻，如"乘马斑如匪寇婚媾"之类，郭先生却把他解释作是"男子出嫁"。其实如果是男子出嫁，不应当被疑作"寇"，且也不必"先张之弧后说之弧"那样的凶法，惟其是抢婚，才需要这样。这种抢婚制，是女权衰退、男权发达以后的现象，这与有妾、有媵等已至男性中心社会的现象相适应，如是商代的氏族已不是母系的，商代的社会也不是原始共产的。我以为从商代的侵略性和奴隶的众多以及工艺交换形态和文字用具等等导线上看来，是一种极进步的社会。单从侵略和土地的占有上看，他已具足封建时代的状况，即使不是完全的封建社会，也是封建的前期，即是所谓奴隶社会的家长制家族奴隶社会。

至于"兄终弟及"的一件事实，自然是母系制度的残余，这种残余的存留，当然是商民族初从低级渡到高级的表征。不过商民族初从低级社会脱出的现象，不能用以一概论定当时黄河流域的其他民族，因为和他错处河、济间数百岁而且较他在前的夏代，却并无这种遗迹。夏代虽无地下材料做证明，但即以传说的历史看，商代是“兄终弟及”，而夏代却除过一二例外都不如此。如果以商代是典型的母系制度，就不足以说明夏代的状况。但是如果我们把夏代看成较高的，而把商民族看成较低的，商灭夏以后渡入较高的文化，这种状况就可说明白了。

总之，我以为尧舜和夏商两代，有一个共同的形态，是都已有奴隶，所差的是尧舜时代的酋长尚是“氏族的承袭”（即氏族的选举，说选举很不妥当，其实本是世袭的，不过是一氏族中人都有承袭权。而非本族的人却没有），到了夏商时代却已进为“个人的承袭”，即是以位传子或传弟，其他的家长却无承袭权。这是尧舜时代和夏商时代最不同之点，使他们显为两种社会：尧舜时代当是原始罗马的氏族部落社会，而夏商两代却至少已成为初期封建的国家了。另外如铜器的有无，侵略的扩大和土地的争夺，部落中有无其他氏族的隶属等等，都可把这两种社会分别开来，其详当另述，兹不论。

二　西周时代是什么社会

西周时代的社会本极明显，是完全封建的，但近来有许多异论，最著的仍为郭沫若先生，他以为西周时是奴隶社会。我以为郭先生主张西周是奴隶社会，纯出于误解。他的第一个误解，是误解了奴隶制。郭先生说“西周是与希腊罗马时代的奴隶制相当”（《中国古代社会研究》，页一七六）。西周时代固然有奴隶，但与希腊、罗马的奴隶制，本质上决然不同。郭先生的所以误，是因为马克思、恩格斯把希腊、罗马的奴隶社会，列在欧洲的封建社会以前。但我们要注意，这种排列应当只看作是时代先后的排列，而决不是社会进化阶段的次序。按时代讲，希腊、罗马的奴隶社会，恰在日耳曼人的封建社会以前，但却绝不能说日耳曼人的封建社会是由希腊、罗马式的奴隶社会进化来的，马克思、恩格斯的意中恐也未必如此。因为普通所指希腊、罗马的奴隶制，是指其成国家以后言，那时希腊、罗马的商业资本极发达，奴隶的生产不只是为氏族的自足需要，而是为制造商品；奴隶的获得也不单由掠夺俘虏，而很多是由贩买；奴隶以上不单有贵族一级，且有自由民的“公民”或“市民”一级；对于奴隶的管理，也不是单由松懈的隶属关系，而是由广大的军队和政治、法律等组织以束缚之。这几种状况都是希腊、罗马社会中很显明的现象，而在封建社会以前却决不能有，不惟封建社会以前不能有，即在完全的封建社会，亦不能有，封建社会决没有希腊、罗马国家一样的政治、法律等严密组织。而在封建社会以前，奴隶的职责，主要的就是看守牲畜、侵略异族，其本身就是兵，也没有另外一种军队组织来管理他。所以我们绝不应把希腊、罗马的奴隶制，误作封建社会以前的奴隶制。在封建社会以前的奴隶社会，既没有那样发达的商业，也没有那样发达的国家组织，而且只有奴隶才是一种组织。奴隶是用来做守卫、服兵役，如商代的卜辞中多有用奴隶为兵句，如“多臣伐𢀛方”之类是，到封建时代即变成武士一阶级。武士的出身为奴隶，在亚拉伯和突厥人的国家中最易看出，如著名的塞尔拉突厥，即是回教哈利发的奴隶，印度的奴隶王朝也是由突厥酋长的奴隶出身的。奴隶的这种演变，在希腊、罗马的奴隶制下却决不能有。因为在封建社会以前的奴隶，其地位并不过低，在家长制家族中是当作重要分子，一到了封土建国的时代，就被派出去靖绥四方，拱卫王室，自然就成了公、侯、伯、子、男，这就是日耳曼社会中的人，初时不过是宣誓效忠于领主的一个奴隶，而后来自己也成了领主的过程。这样的奴隶当然和希腊、罗马时代的奴隶大不相同。希腊、罗马时代的奴隶制，应当是和中国秦汉间及其以后的奴隶制度一样，同时也和欧洲人初开辟美洲时成立的奴隶制一样，而封建时代以前的奴隶制，却是由氏族部落社会过渡到封建社会的一种社会。这两种情形必须分开，郭沫若先生既误会了，把西周时代看成相当于希腊、罗马时代的奴隶社会，而最近又有王宜昌先生更误会上，必把希腊、罗马的奴隶社会当成欧洲封建社会的前期，遂指中国秦汉间奴隶制的盛行，必是中国封建社会的前期，遂把中国的封建社会更别开生面地挪到五胡十六国时代（《读书杂志·中国社会史论战专号》，《中国社会史短论》一文）。我以为这种研究方法，未免太诬枉马克思、恩格斯了！

但是虽然如此，即使郭沫若先生再把西周时代认为只是封建社会的前期，也是一个误解。郭先生所以不认西周时已为封建社会而只说是奴隶社会的原故，全赖他的《周金文中无五服五等之制考》。这个考大体上虽不差，但是他的结论却完全错误。据他的考说是，西周时虽有王、公、侯、伯的称谓，但这称谓是国君的通称，并无等差，也就是说西周时并无封建的等级制。这个考查，全属误解。封建的等级制，是由其支配权的等差和隶属关系两种形态决定，并不单在称谓关系。西周时代各封建邦领土境域大小的不同，公卿、大夫、士、庶人的分别，由朝聘、会盟所表现的隶属关系，都是极显明的事实，又何必单从其称谓上决定？即以称谓来说，郭先生已明明说西周时已有“王侯百姓和庶民”的阶级对立，这不是封建的等级制是什么？称谓的不确定，任谁都可了解是封建社会的特点“略具组织的混乱”，又那能因此说不是封建的呢？

周代封建制度的遗迹本来很多，原不必单以《孟子·王制》决定（《孟子·王制》所述，向来指为儒家的理想，但我们不细想思想是实际生活的反映，如果当时没有类似的封建制度，儒家岂能神思幻造出来？柏拉图的“理想国”本已是极玄想了，但仍脱不了当时的奴隶社会，这就可见思想是实际生活反映的真理。如果封建制度毫没有影子，我不相信孟子一般人就会梦出来。我意《孟子·王制》所述，把当时纷乱的封建制度，整齐划一则有之，若说全由先知似的伪造，这就未免太恭维儒家了）。除《孟子·王制》外，封建遗迹在各家的谈话录及文集中，无不可以找到，即如《左传》《国语》所载，"聃季授土，陶叔授民"。用"即命于国"的分封制，天子、诸侯、大夫、士、庶人的等级制，封土、采邑、食邑等领土制，以及大夫、家臣的堡垒、庄园等，在各书上都有记载，而都是不能否认的封建社会形态。至于农奴对领主的关系，在《诗经》及其他书上描写的更多。井田制度虽属一大疑案，不过若看成是来传农奴于封主土地上的一种方法，也不是不可行的（按昔日的解绎，以为是一种平均土地的制度，其实井田制的本质，决不是替人民均田，使老有所养，少有所长，而一定是把土地划好，强迫"壮夫"来承耕的，如果这样就极易行，决无难处）。总之，周代有许多形态，很可证明那时是完备的封建社会。

三　春秋、战国间封建社会是否崩坏

若鉴定西周时代是封建社会，那末春秋、战国间的混乱，很容易断定是封建社会极平常的现象。但是最近似乎成问题的，是这种混乱，究竟有没有重大的意义，是不是封建社会发生破裂下的现象呢？有许多人说不是。但以我个人的见解，春秋时代封建制度最完备，而也是自此发生破裂，以至于崩坏。其所以发生破裂的原故，表面虽是由商业的解体作用，而实际是生产力的加大，因为如果不是生产力加大，决不能引起较封建社会前期更扩大的商业。至于生产力的加大，当然是铁器的应用和犁耕、牛耕等工具上改良的结果。铁器的应用或在春秋初年或西周间，《管子》上记有许多关于用铁的话。犁耕和牛耕至少亦在春秋初年，如孔子弟子有司马牛，字子耕，颇为一种显示。当时列国又盛行"开阡陌"的新制度，所谓"开阡陌"，即是因牛犁耕种不能在井田制的小方块内周旋的结果。这种经济上新的改变，当然要把封建生活摇动，何况又因生产力增加，人口发展，商业必开始大盛，对于结构极不坚固的封建社会，自必有极大影响，所以封建制度经春秋、战国后即行崩坏，与欧洲自十一二世纪后封建社会的崩坏殊无二致。

但是当时新的生产方法和商业的解体作用，究竟把封建社会摧毁到什么程度？我以为所摧毁的，只是表面，把完全的封建制度破坏，而实际社会的封建构造，却并未拔除。因为商业的作用只到了相当程度而止，而实际社会仍须由新的生产方法决定，但此种生产方法比较旧的只是改进扩大，而其基础仍在人和土地的关系上面，这种关系虽发生了怎样伟大的革命变化，但本质上还是一种封建的结构。此种结构详情当在下述，惟应先知道的是在春秋、战国间所破坏的只是上层构造的一半，其下层却仍完全和封建时代一样。这种情形的结果，使秦汉后的中国社会，表面虽无封建制度，而实际却仍存有广大的封建势力，此种"封建势力仍存在，封建制度不存在"的社会，即所谓"半封建社会"。

有许多人讲，春秋、战国间因商业资本主义的发达，已把封建制度全破坏，秦汉后已成为商业资本主义社会，这话我固不赞同；但另外又有许多人讲，春秋、战国间封建制度并未发生动摇，一直到秦汉后直至最近百年，也是完全的封建社会，这话我也不敢苟同。至于像如郭沫若先生恭维"秦始皇不愧为完成封建制度的元勋"，似乎不必多所讨论，我只愿指出一些春秋、战国间所崩坏的封建制度是什么。

反对封建制度已在春秋、战国间破坏论的很多，最近朱新繁先生反驳陶希圣先生的那种主张尤详（《读书杂志・中国社会史论战专号》,《关于中国社会之封建性的讨论》一文),我此地并不是替陶希圣先生辩护,我只要说我的一点意见。在封建社会所有一切形态中,春秋、战国间发生变化最烈的,莫过于支配制度和土地制度。封建社会所行使的是等级支配制,自天子至于庶人,对于土地的所有,虽有邦国、采邑、五亩之宅的分别,然大的小的都各有其支配权。"普天之下,莫非王土",天子是最大的地主了;然"诸侯尚南面治,有不纯臣之义",在其自己国内却又是自为地主;至于大夫、家臣,分别有采邑、食邑,在其庄园内也各自为主人;下至农奴,也各有私田,在受耕的期间也是所有者。所以封建时代的各等级,都互相隶属,而互有一点支配权。有这种支配权的,对于上层阶级都有服役、纳贡赋的义务,我们看见封建时代的农奴有什一之征、关畿之征、徭役劳动了,但其上一层的大夫、家臣对于诸侯也有这种义务,而再上一层的诸侯对于天子也有同样的义务,拱卫王室,即命于周入贡朝聘等等,也是高级的徭役劳动、什一之税,这也是互为隶属、互有支配权的表现。《晋语》所谓"公食贡,大夫食邑,士食田,庶人食力"和《左传》所谓"王臣公,公臣大夫,大夫臣士,士臣皂……"等,对于这一点都说的很明白。

但是这种等级支配制,也就是等级的隶属关系,十足的封建构造的,在春秋、战国间全部动摇,到秦后完全破除。其崩坏的历程,且不去细述,很显然看出的,是秦汉后的国家,全没有这种等级支配制,而乃是集权制。朱新繁先生反驳陶希圣先生所谓"封建制度分解的第一个征象,是等级关系的崩坏",朱先生说在秦汉后以及资本主义社会,也并不是没有类似的等级关系。其实这只说了一个表面,无论什么时代,虽都不免有等级关系,然除封建社会外,绝没有等级支配制(朱先生所举出的英国也有皇、公、侯、伯等爵级,是误把英国封建时代的遗迹,当成现在社会的形态,资本主义社会本质上不允许这样的等级)。秦汉后国家的构造,很明白的是专制政体,是中央集权的。构造中的各级官吏,是代替封建时代公卿、大夫、家臣各阶级的,然而官吏却没有独立的支配权,一切须受命于专制君主,各级相互间虽亦为等级的统率,然而却绝不是等级的隶属,一切都臣于专制君主,远不似封建时代各级的下级都是臣于其上级。政治构造以外,在社会上,地主和农民仍为封建的隶属关系,农民既对于其地主是隶属,同时对于专制君主也是隶属的,但专制君主和地主的关系,都不是等级的,而是同一阶级。秦汉的专制君主,虽是封建阶级(所谓封建阶级,就是由土地支配权决定),但和封建时代不同的,是其本身并不直接为地主,而是以地主阶级的身分资格维护其权力。他们这种资格的来原,是因为代表着社会上无数直接属有土地的地主阶级利益而来。明白说来,是封建时代的地主阶级,是由等级的形式出现,而秦汉后却是单一的。这种形式,在拙作《中国社会的基础》一文中,曾详细说过,可用表指示如下:

天子⇆诸侯⇆大夫⇆家臣(士)⇆农奴 ……………… 封建时代

封建君主
‖　　}⇆农民 ……………………………… 半封建社会
地　主

(矢头→表示支配关系,←表示隶属关系。)

实际说来,封建时代各级贵族,同样都是地主,不过其表现的形式是等级的,秦汉是单一的。秦汉后的君主是地主利益的代表者,而封建时代的各级贵族,本身就是地主,而不是代表者。这是土地支配权表现形式的改变,也就是支配制度的改变。在这种改变下,贵族阶级的组织发生了大变化,从前能由天子、诸侯分封至各地直接支配土地的公族子弟,到秦汉后都成了寄食于天子的贵族,而无实际支配权力。其所以致成这种改变的原故,商业资本的解体作用，是其重要原因之一，曾详述于拙作《中国社会的基础》一文中，连带的封建时代特有的土地制度，也发生改变。

土地制度的改变，是说封建时代只有贵族阶级有土地所有权的领土制度，自春秋、战国后，一转移而为平民所有，即欧洲封建社会后所谓“农奴解放”是。在战国以前，农奴没有土地，必须受贵族地主阶级的支配，受田耕种，但到战国后，“任民所耕，不限多少”，土地成了农民自有的。其特点最易看出的是农民可以自由买卖土地，土地的转移，没有任何一种权力可以干涉，但在封建时代却绝对不成，不惟农奴不能自由转移所受耕的土地，即诸侯、大夫贵族阶级，亦不能自由转移，要转移，必须在“封建”的形式下改变，即是用分封的手续，把某人的领土取消了而另封于某人，这种权力只有上一层的封主才有，受封的贵族没有（战争的兼并另是一事）。但到了战国以后显然不同，土地解放后，农民自己有了所有权，可以任意转移于他人，根本没有封主，自然无人干涉。这就是土地制度的改变。

这种改变以后，不久立刻生出一种新现象，收买土地多的，即又成为地主，没有财力向国家纳税，也不能收买土地的，仍变成无所有的农奴，不得不卖身于有地的人为奴隶，于是“新地主阶级”和“新农奴”重复构成。这种地主和农奴中间仍保存了旧日的封建关系，新农奴对于新地主仍是隶属的关系，仍是被支配的。这是秦汉以后封建势力的来原。

不过我们要注意，秦汉后的新地主阶级对于封建君主，却不是封建的隶属关系，而是政治关系。这就是说，地主的支配土地权，不是由封建君主分封的，而是由地主用资本的形式买来的。他除向封建君主缴纳应纳的租税以外，他对于土地即可任意支配，或出售，或出租，或令其荒芜，都可，封建君主都不能干涉。但是再根本说来，新地主阶级的权力，是由前一社会末期被解放而得来的，所有的土地已属无数的地主所有，地主对封建君主出租税，实际并不是买这种权力，而只是缴纳他以租税，把封建君主组织国家这一种形式，如养军队及各级官吏等，以维持地主阶级对农民的剥削关系。换句话讲，实际的剥削关系是存在于新地主和农民间，封建君主是代表着新地主阶级的利益，以共同剥削农民、压榨农民。从一面说，封建君主可以看成是无数新地主阶级的雇佣，他收着地主阶级从农民压榨来的租税，组织国家政府机关，培养军队、官吏，以维持地主阶级的剥削权力；而从另一方面说来，封建君主仍可看成最大的地主，他是无数地主阶级的领袖。所以在秦汉后，封建君主和新地主阶级是二而一的，他们是共同向独立生产者的农民剥削。农民所受的剥削是双层的，既被剥削于地主，又被剥削于国家。这种状况也是和封建时代不同的。封建时代的农奴，直接受其被领的封主剥削，对于国家不直接负责，而是层层负上去的。因为地主阶级和封建君主的关系是连合的，一致的，所以除过地主阶级对农民的隶属关系外，地主对封建君主都无所用其隶属，而只是政治性的，或说是契约性的，也可以说是交易性的，但还不如说是一物的两方面。这样，中国的春秋、战国后，封建的隶属关系、剥削方法，仍存于下层，而上层的隶属关系，却不存在，即是封建制度的等级支配制不存在，所以说中国秦汉后是一个半封建社会——因为陶希圣先生尝反对“半封建社会”的名称，以为只是一个形容词，分不出十分之五六的“半”（《中国社会与中国革命》，页一九四），故附论于此。

由以上两点——支配制度的改变和土地制度的改变——我们已很可看出春秋、战国间混乱的结果是什么了，其他另外各点，兹不悉论。如果这两点的改变是事实，我以为反对春秋、战国间封建社会未尝有所崩坏，似乎无效。

四　秦汉后的社会是商业资本的呢还是封建的呢

由前节所述，春秋、战国以后的中国社会，仍是封建性质极浓厚的半封建社会，社会的基础构造，仍为封建的剥削关系。不过有一重要的特点，使与封建社会分开的，是生产方法的改进、生产力的加大和商业的扩大，因为这些，不惟把封建制度摧毁，而且产生许多其他形态，其主要的为商业资本的剥削关系。商业资本在秦汉后的社会中，无疑的占有重要势力，其与新地主阶级的关系，在《中国社会的基础》一文中，曾详细分析过，此处不愿再说。因为他们的关系，我常称秦汉以来的半封建社会为"农村商业社会"，以表示其经济构造。据我推论的结果，这种社会既不能看作完全的封建社会，也不能看作完全的商业资本主义社会，近来仍有许多人为这一点争论，我愿意再提供一点意见出来，供大家讨论。

半封建社会不能看作完全封建社会的原故，尚不只是等级支配制的不存在和贵族阶级土地制的没落，另外尚有一个重要事实，是秦汉后的社会中，显然已不能再过封建时代经济自足的生活，这就很可看出他已不是纯粹的封建社会。"经济自足"和"封建生活"，有不可分离的关系，如果一地域的经济不能自足（农业的），绝对不能允许封主的庄园堡垒生活存在。封建时代农业经济的所以自足，一方面是因人口稀少，一方面是因生产技术幼稚。因人口稀少，不需要大量的生产即已足用；因生产技术幼稚，除自足需用外，也不能有多的剩余，供给交换。但到自然的人口一发展，生产力即感觉不足，不得不为技术的改良，以增加生产力，从而交换形态亦因以日益发展，于是封建的社会关系亦不得不变更。在交换形态发达之下，庄园的自给生活当然不能存在。单以这一点论，已可看出商业发达的社会，绝对不是纯粹封建的。

秦汉以后商业发达的现象，主张中国社会为商业资本主义的，类能指出，但是若遽把他看作是商业资本主义社会，尤不如主张封建的为近似。秦汉以后的商业，其商品的供给和市场，全在农村，即是他时时受封建势力的束缚，远不能独立发展。平常所指欧洲商业资本主义的社会，并不是说商业资本独为这个社会的基础，其实商业资本的主要作用，只是能流通于直接生产者间，使实际社会不至窒塞。欧洲商业资本主义时代的直接生产者，是手工业者，有分散的手工工场，有大量的工业制造品及渐渐发达的城市，以供给商业资本家的商品及市场。而工业制度及城市，都是便于商业资本主义发展的。但是在中国秦汉后的社会中，手工业不是没有，而远不如农村的地主占有势力，商业的相当发达，完全依赖于农产物的供给及农村消费，使商业资本家决不能离农村组织而活动。而农村组织的封建势力极浓厚，其所生产决不是为商品而耕，只是以其自给需要的剩余供给商品，商业资本家除此以外别无可活动，其势力永不能超过地主阶级，如何能说中国是商业资本主义社会呢？即以上层建筑来说，秦汉以来的君主，完全是地主阶级化身的封建君主，在国家的组织中，商业资本家几毫无地位。上层构造没有商业资本家的地位，又从何看出秦汉以来的中国社会是商业资本主义的呢？

近来主张商业资本主义社会的各家所举商业资本发达的事实，实都是秦汉以来社会的畸形状况，并不是这个社会一般的事实，我不愿一一加以批评。惟研究中国社会最力的陶希圣先生，他一方面知道秦汉后封建势力的存在，而一方面又极力表扬商业资本的伟大作用，颇有许多可讨论的地方。我最不能同意于陶先生的，第一是陶先生把秦汉以来的君主和地主看成两个东西，而且把官僚和直接生产者的农民，也看成对立的，这一点朱新繁先生的文中已曾说及，此种观察决不能说明社会的实际构造。其实官僚只是地主阶级所组织的国家中一种雇员，因为他是代表地主阶级的利益，所以官僚也时时表现地主的支配权力，而且每到一时期，必能变为封建式的割据，这都只是因为他背后有地主阶级拥护的原故，他本身并没有权力。陶先生不能教人同意的第二点，是他把士大夫阶级不知看成一种什么神秘东西，致和直接生产者的关系连接不起来。他在论中国社会的第一本书中说，秦汉以后"经济与社会倒是初期资本主义"，而"思想是封建的"，所以要叫做一个为封建思想所支配的"初期资本主义"社会(《中国社会之史的分析》，页三二)。这在唯物论辩证法的观点上看已经很奇怪了，所以他好像要改正似的，在后出的一本书中说，"中国社会，是以士大夫身分与农民的势力关系为基础的社会"(《中国社会与中国革命》，页一二八)。这种观察尤其错误，我想是不须多说的。陶先生的文章引证材料极其丰富，但是常使我们有不能了解究竟是什么样的构造之感。

至于最近中国社会的动向，很愿有机会再提出来讨论。

(民国)二十年十二月一日

原载《读书杂志》1932 年第 2 卷第 7 期、第 8 期

中国历史的阶段

一　历史的分期

历史是人类的整个生活，此整个生活是绵延发展，从古到今永永相续，绝无间断，历史家就是要以记述此相续不断的整个生活为责任。不过人类的历史，既已很长，历史家的记述，往往为研究便利计，于整个生活中划分为各种不同的时期，如古代、中古、近世、现代等，各就一时期以研究其生活状况。此种划分，按纯理论讲本不合理，不过在实际上却有几种必要。因为人类生活，从原始时代以至现在，其间文明程度粗野不同，已经过数次剧烈的变革，此种变革虽系绵延的、整个的，但在每个变革期间，其生活组织、文化形态，即与前一时期显然有所不同。此种不同，固然不是有所隔断的不同，实际乃是演进的不同。历史家固然应以叙述整个的生活为责任，但此演进的不同，即每一时期的特殊组织、构造形态等等，亦同样有指出的必要，然后才可以了解如何由一种生活而演进为另一种生活。比方欧洲历史，在日耳曼民族迁徙以后，和希腊、罗马时代的生活，无论在任何方面都全然不同；及至近世，在“机械革命”以后和其以前，又显然不同。此种不同的特点为何，如何构成此种特点，实大有需要于历史家的解释。所以历史家既须认识历史的整个性、绵延性，而同时亦须认识历史的演进、变革和其特点。如果按照历史上演进、变革的自然阶段，以划分历史时期，就在纯理论上讲或者也有必要。

旧日历史上划分历史时期的所以不能满人意，大体上是因其并不能按照此种演进、变革的不同，往往只是毫无标准的划分。比方欧洲史家于其所谓中古和近世两个时代上，究竟有什么可资分别的特点，全部文化上究竟如何不同，并不能分清，而只是斤斤计较于中古和近世的界限，究竟在但丁（Dante）死亡的这一年呢（一三二一年），还是在君士坦丁堡（Constantinople）陷落的这一年呢（一四五三年），究竟应在路德（Martin Luther）初颁布其宗教论文于威丁堡（Wittenberg）大学墙壁上的一年呢（一五一七年），还是在哥仑布（C. Columbus）初到美洲的一年呢（一四九二年），结果各人只好按自己所喜欢的一年决定，即有不妥，亦只诿称历史分期的不必要。至于中古和近世究竟有何种不同，何以必分为中古和近世，却无从解说。这样任意划分的历史时期，自然是要不得的。

至于中国历史，旧日即连任意划分史期的方法也没有，只有所谓“断代为史”，断代更是只以帝王为中心，尤与历史的整个性和演变性两无关涉。及至清末，历史家始采取西洋史家划分史期的方法，把中国历史亦分为上古、中古、近世、现代等数期。如很早而且很好的一部新式史书，夏曾佑的《中国历史教科书》（初版于光绪三十年），以秦以前为上古，自秦至唐为中古，自宋至清末为近古。辛亥以后，一段采用的分期方法，大都亦以秦以前为上古，秦至唐末或五代末为中古，而以自五代或宋迄明亡为近古，以清代为近世，辛亥后为现代。此种划分方法，固然各有一种标准，并非完全任意，不过若以中国社会的变革和一般文化形态演变的阶段看，却完全是一种不自然的割裂，于中国史上实际演变的时期全不能适应。本书于叙述中国民族数千年的经历以前，愿先将此点提出，于中国社会演变的阶段先有所论列，其意尚不只在供研究上的便利，实欲使读者对中国的社会先有所认识，然后于由社会生活所结成的文化形态，其种种变革、发展、矛盾、扰乱等历史现象，自能有较亲切的了解。

二 中国社会的演变

中国社会的讨论，是最近三四年以来的事，在从前人只知道有朝代的演变，而不知道有社会的演变。其实朝代的演变以及历史上所有的一切变动、扰乱现象，都是社会的实际生活发生变革、破裂或扰乱的结果，不明白社会的组织构造，历史现象即无从说明。中国的社会究竟是什么样的社会，曾经历过些什么阶级，至现在仍在讨论中，尚无确切的定论，不过在大体上可以归纳为四种不同的见解：

（一）商周间由初期的封建社会渡入完全封建社会，经春秋、战国而破裂，至秦汉后为一种半封建社会，至最近一百年以前始发生改变，转入工商业社会。

（二）西周时代尚为奴隶社会，春秋以后直至明清间，始为封建社会，至最近百年转入资本制。

（三）周代为封建社会，经春秋、战国而崩坏，至秦汉后为一种以豪绅、士大夫为社会主要构造的社会，至最近百年转入资本主义社会。

（四）春秋以前为封建社会，春秋以后商业资本即行发展，历秦汉直至最近都为商业资本主义社会。

此四种见解，差别最大的莫过于一种以为春秋以后直至百年以前尚为完全封建社会，而一种以为远自春秋以后早已为商业资本主义社会。其实封建社会的特质，如领土制、等级制、农奴制等，在春秋、战国早已崩坏。秦汉以后土地的所有，已由封建主转入商业性的新地主阶级手中；而贵族阶级的等级制，已全由官僚制度所代替，虽历代仍不免有封建以及藩镇割据等事，但其构成的基础，与封建制度并不相同；至于农奴，在秦汉以后的农民和统治阶级的关系，固然尚有许多农奴性质的成分，不过绝没有封建时代强固的农奴制度，是很显然的。由这几点的变异，自很难说秦汉以后仍为封建社会。至于商业资本，春秋、战国以来虽已相当发展，但其势力远不能超过新地主阶级，秦汉以来社会的意识和制度形态，却尚趋重于农业，足可证明商业资本不足以支配社会，又焉能说是商业资本主义社会？此两种见解，大抵是各著重其所注视的一点，而没有注意社会的全部构造。

至于承认封建制度已在春秋、战国间崩坏，而以为秦汉以后为一种豪绅、士大夫阶级社会的，为陶希圣先生所主张。陶先生在其论中国社会的第一本书中说，秦汉以后“经济与社会例是初期资本主义”，而“思想是封建的”，所以要“叫做一个为封建思想所支配的初期资本主义”社会（《中国社会之史的分析》，页三二）。这是十分错误的，所以陶先生在较后出的一本书中即改正说，中国社会，是以士大夫身分与农民的势力关系为基础的社会（《中国社会与中国革命》，页一二八）。但是这句话尤其错误！陶先生何以不把士大夫看成社会基础的上层建筑，而偏要说是社会基础之一，这是很难使人了解的，我就以为陶先生不应有此错误。

作者对于秦汉以后究竟是什么社会的意见，曾略述于《中国社会的基础》一文中（陶希圣先生收入《中国问题的回顾与前瞻》一书中），其详当另行讨论，此处不便加以细述。不过作者大体同意于“半封建社会”一说。所谓“半”，由“封建制度已不存在，封建势力还存在著”一语，可以注明。所谓“封建势力”，是指土地所有仍为支配权力的基础一点而言。由土地所有，构成封建领主的支配权力，是封建社会的特质。秦汉以后封建领主的不存在，而土地所有转入广大的新地主阶级手中，此种新地主阶级，在秦汉以后当然仍有绝大势力，豪绅、官僚都是地主的化身，而士大夫阶级不过是依附地主及其他农业生产者的“意识阶级”。至于地主阶级既仍有很大权力，而却不能仍成为封建社会的原故，是因为商业发达的关系。商业固然不是生产的，但他在秦汉以后社会的生产关系中，确占很重要的地位。商业者的足以倾覆封建领主和其足以破坏大土地所有，都详论于《中国社会的基础》一文中，读者可取以参考。所以秦汉以后中国社会的基础构造，实系地主和商人结合的社会，因此种构造，作者尝称之为“农村商业社会”。以其形态论，即是“半封建的”。若为标明其与资本主义社会的关系，即应如瓦尔加（Vorya）所称“前资本主义社会”。

近来所讨论的中国社会，多半是关于秦汉以后的，在秦汉以前，关于商周和商周以前的，详细分析的较少，只有郭沫若先生曾专心致力于古代社会的研究，郭先生即是主张春秋以后直至最近百年前都是封建社会的。郭先生以为在西周以前包括尧舜、夏商各时代，都属“原始共产制”，是“无阶级”的“民族社会”；到了西周时代转变为奴隶社会，有“王侯百姓（贵族）和庶民（臣仆）”的阶级对立，并说这是“身分阶级”；至春秋以后转入封建制，一直到最近百年（参看郭著《中国古代社会研究》）。郭先生研究古代社会，所根据的材料和所用的方法，都十分正确，不过他所鉴定的社会阶段，却很有问题，尤其认秦汉以后仍为完全封建社会一点，十分不妥，这或者是因为郭先生尚没有用同样方法以剖析秦汉以后中国社会的原故。

至于郭先生以为西周时代是奴隶制而非封建制，或当出于误解。郭先生说“西周是与希腊罗马时代的奴隶制相当”（《中国古代社会研究》，页一七六）。封建时代本是有奴隶的，但与希腊、罗马的奴隶，本质上决不同。普通所指希腊、罗马的奴隶制，是指其成国家以后言,那时奴隶制度的发达,是建筑在商业发达的条件上,其成立正和中国封建社会破裂后在秦汉间的奴隶制度一样,同时也和欧洲人初开辟美洲的成立的奴隶制一样。这样的奴隶,和封建社会前期家长制家族(Patriarchal Family)时代的奴隶,全然不同。家长制家族时代,农业已代替牧畜而兴,奴隶的需要,尚不单在生产,而尤要在服兵役、保护其牲畜土地(卜辞中多有奴隶为兵旬,如"多臣伐吾方"之类是),到封建时代即变成武士一阶级(武士的出身为奴隶,在日耳曼民族的组织中很易看出,尤其在亚拉伯和突厥人的国家最多)。这种奴隶和主人的关系,只有拿封建的"忠顺礼"(Homage)维持,但在希腊、罗马成国家以后的奴隶(包括中国秦汉及美洲奴隶制),却全靠"国家"这样一种组织制度来维持。郭先生若要以为西周时代是奴隶制,也应当是指家长制家族时代的奴隶,而决不应指相当于希腊、罗马时代的奴隶制。所以我们为避免混淆起见,还是把家长制家族时代的奴隶制称为"封建社会的前期"较好点,因为那个时代既是封建时代的前夜,而且实际上是备足封建社会元素的,即家长领主与奴隶的对立。

虽然如此,即使郭先生再把西周时代认为只是封建社会的前期,也是可商酌的。西周时代,正如郭先生所指出的,已有"王侯百姓和庶民"的阶级对立,这种阶级不是单纯的两个阶级对立,实是阶级的"等级"互相对立。封建时代固然只有地主和农奴两个阶级,不过在制度上却是有种种等级。郭先生虽然从周金文中研究西周时并无"五服五等"之制(《中国古代社会研究》,页三〇五),但也说已有王、侯、士、农奴的等级,这正是封建社会的特点,郭先生明明已把他指出,而却说西周时代尚不是封建社会,却偏把春秋以后封建的经济基础发生动摇的时期,反认为完全封建社会的开始,这是很错误的。至于西周时代其他封建生活特点,后当另述。

其次，郭先生又鉴定西周以前都是原始共产、无阶级的民族社会，这也不尽然。首先，在商代，郭先生以为在那时尚是金石并用，文字幼稚，农业初发现，牧畜仍为主要生产，而尤其因为商代尚是母系中心的社会，且是“彭那鲁亚家庭”（Punaluan Family）。其实原始共产社会成立的基因，乃是因为生产技术极低，毫无剩余劳动可剥削的结果。在金石已并用，文字已产生，农业已发达，牧畜已至最高阶级的商代，未必尚能允许伊洛可瓦（Iroquois）式的社会制度存在。恩格斯（Engels）说，“在全盛时期的民族制度，如我们在美洲所见的，是以极未发达的生产状态，从而在广大地域上仅有极稀薄的人口散布着为前提”（译语从新生命书局出版《家族私有财产及国家之起源》，页一五二）。这个“前提”，显然是中国早已缺乏了的。黄河流域各民族的冲突竞争，是有很大传说的；即如商代，卜辞中所见征伐，即侵略异族的事，不下百余条。恩格斯说：“伊洛可瓦人想压伏他族人的企图所示，正表示他的没落的开始。”因为部落间的战争，实是扩大一民族，产生阶级的根原。因此，商代似乎很难仍幸福地停滞于“无阶级”的社会中。况且即不论商代，即远至尧舜，亦已有阶级的朕兆，如所谓“以亲九族……平章百姓……黎民于变时雍”一类的话，郭先生以为有近于儒家的正心、修身、齐家、治国、平天下的哲学，或出于假造。其实因实际社会反映的思想意识，并不必要“托古改制”，尧舜时代类似的传说很多，也绝不是全能由一派人假造所能成的。所以我们应当把“无阶级”的原始民族社会，不妨更放的远点，历史上所有的其实早已在斗争。

综以上简短的批评，我以为中国社会的阶级，应如下述：

（一）尧舜或尧舜以前，为民族部落社会（禅让及四岳十二牧等），其器具为新石器和陶器（尧号陶唐及舜陶河滨作什器于寿丘等，近在仰韶发见的陶器，亦约为公元前三千年至公元前二千五百年间物),其生活为高级牧畜及初级农业(农业为新石器初期生活之一,中国农业的发见,并不能很晚,最近在宣化、热河发见的石器农具,其时期已很古),其社会已有阶级(不惟百姓黎民的分别见于帝典,而以"民"训"奴"发生更古)。其家产究为"彭那鲁亚"的呢,还是"对偶"(Pairing Family)的呢,殊难遽尔断定。虽然有"眩弟并淫"的话,但是不是于许多妻中间有一个正妻,于许多夫中间有一个正夫,这是很难考的。

(二)夏商之间为封建社会的前期(决定封建社会是由农业的发达、土地的占有和奴隶的发达为前提,夏商的农奴制,古已有传说,决不能是原始共产制),夏初或已入铜器时期(因为商代的铜器已制作甚精,不似初期状况,最近在甘肃所发见的寺洼、沙井各期铜器,亦约略与夏代相当),其生活牧畜虽仍存在,然手工业和变换形态,都已极发展(卜辞中于纺织、建筑和货币,都说及很多),不过夏商间民族社会的组织,仍有遗存,所以不免有"兄终弟及"等事,而且民族组织,方向一个更高的形态发展,即成为宗法制度。

(三)西周时代已有完全的封建制,不具论(郭沫若先生在其《周金文中无五服五等之制考》中说,王、公、侯、伯乃国君之通称,并无等差——《古代社会研究》,页三〇八——但封建的等级制,是指其实际的领土和权力的等差,如朝聘、会盟的礼制,见于《春秋》《国语》的已多,这些都是实际等级的表现,而又不能认为始于东周。况且西周的封建国家,是可以考见的,大半数对于周室都有隶属关系,而且诸侯以下复有等级,这些都是很明显的事实。周金中已有王、公、侯、伯、子的名称,即是有等级制的证据,至其"通称"而不如后世上司属员间限制的严格,正是封建制度的特色——"略具组织的混乱耳")。

(四)东周时代春秋战国间,是长期的封建制度发展至最高点时代,而也是封建社会破裂的时代(即所谓“废封建,立郡县”是)。

(五)秦汉以后转入半封建的农村商业社会,其生活基础是建在农业生产和农产物的交换上,构成地主和商人阶级。秦汉以后的国家,是代表此种阶级的利益,以共同榨取农民、小商人、小手工业者的田赋、地租和货物税的封建阶级,其和封建社会不同的,是其本身并不直接为地主,而只以地主式封主的身分,以榨取租税,这就是所谓半封建的。自秦汉以后,此种社会,并非未尝发生多少改变,最显明的如两晋、隋、唐间国际贸易极发达,其影响于中国商业当很大,而内地商业的发达,尤以宋以后为盛。但商业虽怎样发达,而其商品终依赖于农产物和农产物的制造品,而其主要市场,亦只在农村,工业和城市制度,都未见发达,所以中国社会的根本构造,虽宋代以后,亦仍停滞于秦汉以来状况中。

(六)迄公元一八四二年鸦片战争《南京条约》成立后,中国社会始发生动摇。其发生动摇的原因,是因为受资本主义加紧的侵略,使中国社会的生产力,在输出原料而输入工业制造品的过程中,完全低落,旧日的生产关系遂不能维持,乃不得不加以改变。此改变的倾向,以致在情形看,是机器工业的发展以及和工业相关连的其他形态等。但中国的农民素为主体,以其天然环境论,无论在什么社会,农业必占重要地位,今农业生活完全在衰落破坏中,虽使工商业有能适应各资本主义国家的发达,而农业上无形式制度以安定其生活,也是无用的。所以今日中国的问题,“开发实业”倒是有定型、有方法可资模范的,而在工业制度下,怎样恢复农业生产力,怎样创造适合农业生活的制度,却不是易解决的。如是,最近百年以来中国社会发生动摇,将变成一种什么样的社会,尚有待于决定,殊不能只取目前的现象而即认为资本主义社会。

三　中国历史的阶段

从以上观察中国社会演变的结果，我们可把中国历史的时期，为以下的划分：

第一，上古史——包括原始时代、民族部落时代和封建时代。封建社会和封建社会以前，以全体人类文化看来，本属古代时期。在这些时代，生活能力薄弱，生产技术极低，社会组织机能不发达，人和人只在一种简单的血缘关系或隶属关系下团结，其范围极小，组织极松懈，只要人口自然的发展，各种团体即行分化破裂。在这种时代，意识上最发达的是神，神有支配其生活的绝对权力，一切现象都以神说明。这是因为人没有独立的能力，处处受自然现象支配的原故。以此情形观察尧舜、夏、商、周各时代传说的历史，其文化虽日有发展，然其本质都脱不了此种状况。直到春秋、战国，生产技术和社会组织都有极剧烈的改变，情形始一变。

所谓中国上古史，即以此种特点而决定其为古代的。惟于旧日所有的传说史料外，更益以最近考古学家所发现的材料，即将原始时代更扩张至有史以前。不过他日发掘的材料增加时，自应将史前时代和有史以来分别叙述。故说上古史，暂起自史前时代，至战国末年秦始皇统一六国时止（公元前二二〇年）。

第二，中古史——包括秦汉以后半封建的农村商业社会。从秦汉时代起，直至最近百年前，事实上中国社会未尝根本变动，这是中国社会的实际阶级。不过作历史的研究时，同样也须明了其演变的渊源。最近百年以来社会的变动，是由于资本主义的侵略，而实导原于中西交通。中西交通的发生始自明初，那时欧人东来，对中国社会虽未有多大影响，然其侵略的起源、发展之渐、当时中国政治社会的状况，皆有特别注意的必要。因此我以为自明代以后应划为近世史，而以中古史起自秦代至元末止（公元前二二〇年至公元后一三六七年）。

中古期中有几个特点，应加以注意：

（一）秦汉以后中国的社会，以农业者和商业者的经济构造为主，但是农业者和商业者的利益，本各自不同，所以常常发生冲突、争执，为历代国家最重要的问题。其开各自发展的痕迹，各自生活状况，与各阶级的影响关系，都举秦汉以后各代文物制度或安宁有关，是我们首先应了解的。

（二）秦汉以后历代君主，其身分与权力却是封建阶级的。除君主自身外，另都有多数贵族依靠君主生活。这些君主怎样维持其权力、地位，其统治实际社会的方法如何，一般民众对君主的关系如何，以至于君主的生活，其所谓政治的情形，都有认识的必要，应在历来史迹中加以注意。

（三）士大夫一阶级，是秦汉以后中国国家中（不是社会上）最重要的一分子，官僚大半由士大夫构成，一切制度、政策多半由他们策划，而几个扰乱时期，亦多由士大夫与其他阶级的冲突所造成，而历代所谓“贡举”或“科举”制度，亦都为对得士大夫的政策。这种士大夫阶级如何构成，何以在秦汉以后的国家中有这样大的作用，其本身的意识如何，基础如何，都有特别重视的必要。

（四）秦汉以后民族的迁移、冲突事实最多，于朝代的变更、民族的发展、地势的开辟以及生活上、文化上，都有很重要的影响，研究历史时，应对此点有整个的认识，不应概以轻视的眼光抹杀之。

（五）中国和外国的交通，在秦汉以前已萌芽，虽未大盛，及秦汉以后，因西域而通中亚，因中亚而发生阿拉伯的海上贸易，以至于南洋、印度、日本、朝鲜，更有直接的商业关系。其贸易情形如何，于生活上的关系如何，文化上有何影响，皆应特别注意。

（六）历代的思想、文艺，都各有其特点，而又有其共同性，这些意识生活，其在学术上有何创造，其自身的价值如何，对实际生活有何作用，都宜加以认识。

凡以上各点，皆为读秦汉以后历史所应注视之点。按此各点以研究中古历史，立可发见有两个重要变更时期，其一为两晋南北朝时，其二为南北宋时。两晋南北朝的混乱，是汉代以来北方、西北方民族迁移的结果；南北宋的衰弱、迁徙，是东北、西北民族迁移的结果。两晋南北朝原有的制度（如官吏选举等）、思想（如经生、道家等）、文艺（如词赋等），无不原于汉代，而经两晋南北朝的混乱，才酝酿出几种新的制度、新的思想，构成隋唐间的改革（如官制、律例及科举等）。宋代的制度、佛教思想、诗古文词，又都是承继唐代，而宋代所酝酿的几种变动，如徭役劳动的废止、科举制度的完成、钞币的盛行以及新僧家的思想，都给后代开启出新的现象。所以六朝、南北宋（包括三国、两晋和唐末五代）的混乱，虽未使中国社会根本发生变革，但因人口增加、商业发达和其他民族文化的影响，都使文化制度和生活上有较进步的演进。至于疆域的扩大，领土的增加，更是不须说的。中古期中这两个变动时期，不惟是不能否认，而且是应充分认识的，所以我们把宋元以后从明代起划为近世史外，而将中古期更应分为前后两期，以便分别注意其特点：

（一）中古前期——自秦代至六朝（公元前二二〇年至公元后五八九年）。

（二）中古后期——自隋代至元末（公元五八九年至一三六八年）。

（三）近世史——包括明清两代，起自明初迄清末（一三六八年至一九一一年）。明清两代的朝代精神本自不同，惟以明初的经略南洋和郑和的航行，开海上交通先导，不久欧人亦相继东来，而天文、算术、地理等实用技术，在明末亦已有实际的影响，一是为欧洲文明输入之渐，亦即侵略之渐，所以我以为把明清两代应划为近世史，近世史上自以国际贸易和外人侵略以及中国政治、经济、社会、思想各方面发生的改变为特点，不待细述。

（四）现代史——一八四二年《南京条约》的成立，可以说是二千年中国社会将要发生变革的开端，一九一一辛亥革命的成功，是这个变革中完成的一端。中国革命虽至现在也不能认为完成，不过从那时起，的确走上个新的趋势，政治上既成为适合资本主义社会的民主制度（虽然是不稳的），而民国以后工厂数目的增加，若和从前比较，亦着实可惊（清末中国的新式工厂统共不过一〇一所，而民元一年即骤增二十八所，至民四四年中新增的已有一一四所，超过清末五十年中所成立的数目），这些很可以指示中国至一九一一年后，已完全除卸二千年的衣冠，而换成现代式的了。

（民国）二〇. 九. 十六

原载《世界与中国》1932 年第 2 卷第 3 号

中国史的发展阶段

几千年以来,中国历史如何发展?发展的历程中,经过些什么阶段?每个阶段,表现些什么特点?这些特点,互相比较起来,进步的地方在那里?这几个问题,是研究中国历史必须把握住的而也是非研究清楚以后,不能把握的。欲解答这几个问题,最基本的做法,是必须先了解中国史上的阶级形态,看中国历史究竟是那几种阶级扮演出来的,然后随着这几种阶级的产生和发展,随着他们的斗争、演进和衰落,自可看出中国历史的演进、发展和如何演进、发展。本文以下即按照这种观察来叙述。

据我的观察,全部中国历史,是由两种统治阶层扮演出来的,而被统治的农民、工人、小商人等,始终被统治着,从来没有过什么农民政权。这两种统治阶层,其一是封建阶级,或说是特权阶级;其一是资产阶级。这两种阶层,相继并分别掌握着几千年来中国的统治权。所谓历史文化——各种典章制度、思想、文艺、美术和一切物质上的创造——都是适应他们的需要而产生的,而无数的党争、政变、混乱、战争等等,也都是由他们的冲突斗争而形成的。至于被统治的农民、工人等,除不得已时暴动外,历史文化并不是为他们安排的。

所谓封建阶级,即历史上习见的天子、诸侯、皇亲国戚、大军阀、大官僚及大地主等。这班人我们所以称他们为封建阶级,是因为他们不论出现在那一时期，却过的是一种生活，这种生活的特点，是用超经济的剥削方式来维持的。所谓"超经济的剥削"，是说他们全用武力或势力来压迫住下层民众，供他们宰割。人民们除为他们做恭顺的奴隶外，别无其他获得。他们有了武力或势力，即有了一切权力，这些权力，都无人能干涉，无人能过问，是超越一切的特殊权力，所以为明显计，又可称为"特权阶级"，有时也称为"贵族阶级"。

所谓资产阶级，是指历史上的中小官僚、文人学士（其中有许多是站在封建阶级一方面的）、中小地主、工厂主、商店主等。这批人的生活特点，比封建阶级进步，他们是用"经济的剥削方式"来维持的，即是用工钱雇佣，或买卖货物，或放高利贷等，以剥削别人。他们的剥削方法比封建阶级高明，表面上他们并不压迫人，要驱使你必给你相当报酬，使你心肯情愿供他驱使，然而你所得的报酬，却远不如为他劳动所得的多，这就是说你的劳动力大部分被他剥夺了去。这样日积月累，剥削者日富，被剥削者日贫。贫人如不平，起来反抗，统治者就用军队、法律来压迫制裁。

这两种统治阶层或剥削阶层，因为他们的生活不同，所产生或所需要的文化，也自不同。封建阶级所产生的是封建制度（即割据制度）、农奴制度、隶属关系、武士阶层和城堡、庄园等等。资产阶级所需要的是统一的法律制度、便利的交通、货币、都会、工厂等等。从而更高的上层建筑，如哲学、宗教、艺术等，也各不同。

但是这两种统治阶层，又绝不能和衷共济合作，相反地且必是经常冲突，每一相遇，必然要不断的斗争。因为在本质上，他们的生活，他们的剥削方式，根本不同。在封建阶级占势力时，大大小小贵族都是利于割据，绝不欢迎统一；都是过的自给自足生活，也不允许工商事业高度发达；生杀予夺，完全看他们的高兴，也没有什么法律；而且在这种时代，割据者都在拚命扩张自己的领土，掠夺农奴，

"强吞弱,大并小"是经常的现象,成天在战争,所以更谈不到什么工商事业。因此,在超经济的剥削方式盛行之下,以经济剥削方式为生的工商业者,不惟不能发展,而且必被摧残蹂躏。反过来,在工商业发达的时候,那封建阶级必大吃其亏,不惟他们的财产要被日新月异的商品剥削干净,而且工商业者对于割据、战争、法令不一、交通阻隔,都是极反对的,在他们得势以后,必然要促进统一,安定社会,划一法度,便利交通,这些事项完成以后,就是封建阶级消灭之日。所以这两个统治阶层,必不能够并存,若在同一时期相遇,必然要生出许多纠纷,历史上所见的许多党争、政变,大抵是由这种纠纷而生的。

中国的历史,就是由这两种统治阶层扮演出来的,当然我们不能忽略了被他们统治着的广大的下层民众,而且适应他们需要产生的那些历史文化,都是下层民众的劳力造作出来的,而且广大民众的需要也往往会决定统治者的存在和消灭,历史前进的车轮,实在还是这种力量在那里推动。不过虽然如此,几千年来历史上的一切形态,都是这两种统治阶层扮演出来,确是事实。为要了解历史上那些典章制度、举措设施和一切变化,自不得不就这两个扮演角色加以分析。所以随着这两个阶层产生、发展的过程,自可了解中国历史发展的真象。

(一)从最初的传说时代看起,可以明白看出,在夏代以前,这两个统治阶层,都尚未产生。在夏代以前,没有显明的阶级形态,当时的组织,不过是许多氏族团体,氏族中的人员,都是平等的。所谓"帝",是由氏族中共同推举,处理事务,并不是有权力、有特殊身份的统治者。其他人员,在理论上都有为帝的可能,并不是被统治、被压迫者。这种时代,就其社会组织的形式,称为"氏族社会时代"。

(二)从夏代起,到商代中叶以后,是贵族阶级开始产生的时代。

我们所以断自夏代，是因为从夏代起，已有了国家的雏形。那时夏后氏一族，世袭为王，其他的氏族自然都在他的统治之下。这一个变化，正好比契丹的阿保机，把八部大人都并吞了，只由他的子孙世袭为帝的一样。既有这样永远世袭为领袖的一个宗族，自然是贵族，被他们统治着的人民，作何性质，在文献早已不足征的夏代，虽然看不出，不过在稍后不久的商代，可以显然看出完全是奴隶，那是一个贵族和奴隶对立的时代。夏代虽然没有记载可征，但在氏族社会以后，初有了贵族以后，并没有他种社会形态可插入，只有和商代一样，是贵族和奴隶对立着，应无可疑。因此，夏、商间应当是中国的“奴隶社会时期”。有些人估计夏代仍是氏族社会，但氏族社会既绝不能有世袭制度，且就甲骨文看，商人初期在夏代的情形，也不是氏族社会的。

（三）由商末起，经西周到东周，是贵族阶级势力逐渐发展到最高点的时代。商末在武丁时候，有高度的发展，这种发展，使典型的奴隶制度，已不能如意统治，商末的许多不安因素，大约都是因此而起。他们为镇压广大领土内种种不安情绪，渐渐产生了一种更严密的体制，用等级支配的方式来管理，同时为鼓励奴隶安心生产，待遇方面也多少改良，变成农奴。这种新办法，到了西周时代，都逐渐完成，即是所谓“封建制度”。周代的封建制度，和欧洲中古时代的feudalism没有两样。这并不是因为“封建”两字在习惯上已经互译，实在是因为本质上完全一致，如等级支配制、隶属关系、农奴制度，在周代都是典型的。农奴以下固然还有许多奴隶，但全部生产劳动已属于农奴，奴隶已经不是奴隶社会的奴隶。又有人把周代的封建国家，看成是氏族团体，认为还是氏族社会，这更是把其他主要形态一齐抹煞了的说法，岂有氏族社会竟能有像如周代那样显明的阶级形态？商末到周代，无疑的是中国的feudalism时代。

（四）东周时代，也就是春秋、战国时代，是封建制度发展到最高点的时候，而也是开始崩溃的时候。崩溃的根本原因，是因为封建贵族的敌人——资产阶级，在这时期开始出现。这时工商业者开始脱离贵族的羁绊，成为社会上独立的生产者和交换者，他们的事业很快的发展起来。结果，在经济上，贵族阶级既失掉唯一占有者的地位，同时农奴也因为谋生便利，大量逃亡，这更使贵族极度恐慌，于是一方面不得不争城夺地，以扩展领土，掠夺农奴，一方面不得不设想新的方法，以榨取新兴的工商业者。这就是春秋、战国所以变为长期混乱，而又在混乱中产生许多新事态——生活的、组织制度的、思想的——的根原。其结果，就是我们所熟知的"废封建，立郡县"，"废井田，开阡陌"，以及废止封建割据，产生统一帝国的新现象。这个时代，有似于欧洲十三四世纪的时代，是封建社会的末期。若用我们前述所用的话说，是封建贵族阶级开始没落的时期，也是资产阶级开始产生的时期。

（五）自从秦代统一以后，开始了一个极长的时代，这个时代过去称作"君主专制时代"。这一个延长了二千多年的长时期，近年大抵一致认为是中国封建社会的继续，甚或说是从秦代起，封建社会才开始。这种看法，我注意了好多年，准备接受，但始终没有发见可以接受的理由。普通所以做这样主张的原因，是因为在这长期间，地主对佃农还普遍使用超经济的剥削方式，这固然是事实。但秦汉以来，这种剥削方式已经不是唯一的，同时也有经济剥削方式存在，比方工钱劳动（包括雇农、工人等）、商业资本、高利贷等。这种经济的剥削，在典型的封建社会是绝没有的。或者又说，经济的剥削固存在，但并不是主导的，占主导地位的仍然是封建式的剥削，这样仍应称为封建社会。其实这是错了的。既明明有两种剥削方式并存，已经不是典型封建社会的现象，何况究竟是谁主导着，这在历史上原有极明白的表现。别的不说，如果秦汉后二千余年来封建剥削始终占主导地位，那就只好说中国社会是“停滞”着的，毫无进步。事实上这“停滞”的字眼，已经在各家著述中经常应用，并没有觉着他违反历史事实。究其实，并未停滞，秦汉以来各方面都在不断的演进，隋唐和汉魏较，宋明和隋唐较，都有无数崭新的事态出现，这种演进，正是说明了有新的生活方式在那里主导着前进。如果只是停滞的，停滞在封建生活里边，那就不惟门阀世族不应在唐末五代消灭，即周室的封建贵族也不应在春秋、战国后消灭，且根本上也不能有秦、汉的统一帝国了。

总而言之，秦汉以来，既然有两种剥削方式并存，就绝不能再是封建社会，而且也未尝停滞在某一阶段，他仍时时在演进、发展，演进的状况，仍然须用前边的话来说明。

原来秦汉以来的历史，正是两种剥削方式并存，使用这两种剥削方式的阶层，展开他们的矛盾，激烈冲突斗争的历史。凡历史社会的斗争形态，必然是有发展性的阶层愈斗争愈益发展，而没落的阶层，却每经一次斗争，必削弱一次。秦汉以来那两种统治阶层经常冲突的结果，封建的特权阶级，一代一代的削弱，对政治、社会、经济的支配力量，日益缩小，最后几于消灭。而资产阶级的势力，却日益发展，最后几已达到欧洲十六七世纪时代的境地。这种演变，即是秦汉以来不断改朝换姓、时分时合的内幕。其冲突、斗争、演变、发展的情形，当然不是用一两个名词所能包括了的。兹就其极明显的特征，分为数阶段，略述如下。

（六）由秦、汉至魏晋南北朝，这是一个阶段。这时期正紧接着春秋、战国以后，即典型的封建社会以后，残余的封建势力特别浓厚，新兴的工商业者力量虽比较微弱，而也在缓缓发展。汉代代表封建势力的称作“豪族”，亦称“豪富”。豪族里边包括六国后裔，汉室的宗室、贵戚、勋臣及大官僚、大地主等。他们不顾法纪，强权豪夺，以积累其财富的事例，在两《汉书》上很多。那时汉政府的政策极矛盾，一方面因为要维持统一政权，对这种离心力不得不加压制，一方面又因为豪族的势力过大，不得不取得其拥护。这种两面政策的结果，一些专门椎埋、攻剽的豪强固然消灭了，而却普遍养成了绅士气派的高门大族。这些绅士化了的豪族，广殖货财，无不“膏田满野，奴婢成群”，由西汉而东汉，所有的土地大抵集中到这些豪富手里边去，无立锥之地的人日来日多，最后终于酿成黄巾之乱，那是一个社会总崩溃的大暴动。在这个乱动中，有势力的大豪族，都乘机招收流亡，一方面保护财产，一方面培植势力，有的称“将军”，有的称“太守”，较大的就称“州牧”。结果东汉帝国就被这些州牧们瓜分割据，其实就是豪族的割据。豪族把汉帝国瓜分后，进而建立纯粹自己的政权，结果产生了六朝时代的“门阀政治”。六朝时代的士族或世族，正是两汉时代的豪族，不过绅士气更重罢了。

门阀政治的建立，是豪族政权的顶点，却也是没落的开始。正因为他们爬到最高点，可“平步青云，唾手朱紫”，自然就“耻涉农商，羞务工伎”，和现实生活愈离愈远，到东晋、南北朝间，不惟农、工、商各种事业都落在庶族手里，即实际行政事务，亦都落到寒人身上。到南北朝末年，煊赫几百年的士族、世族，正如枯叶、衰草一般，都自行萎谢下去，而统一政府又在广大的寒门素族，也就是农、工、商业者的基础上，重新建立起来。

从秦汉到南北朝间的这一种演变，是继承春秋、战国，封建特权阶级遭受的第二度大打击。这时期如果要冠一个名称，我愿意把“半封建社会”一词，用在这时。因为这时期的豪族世族，固然完全是封建性的，可是要和商、周间的封建贵族较，又是小巫之于大巫。所谓“半”，即是说在豪族政权下，虽挟着浓厚的封建势力，但却不能恢复典型的封建制度。其所以只剩下一半，正是前边已经说过的，因为自春秋、战国以来，老早已有经济剥削的作用，在社会底层发展着，对封建阶层侵蚀着。

（七）由隋代的统一起，至唐末五代，是另一阶段。这一时期继承魏晋南北朝以后，门阀世族由衰微而渐至于消灭，和其敌对的工商业者，却在封建势力渐渐失掉束缚的力量以后，而开始高度发展起来。这时门阀世族完全顺着下坡路倒去，原是极明显的事实，而有些人却误认为是鼎盛时期，和六朝时代并举。其实门阀世族的衰微，六朝末年已表现的很明白，隋、唐间已只剩些枯骨，即唐太宗所谓崔、卢、李、郑，世代衰微，徒恃旧地，偃仰自高而已。这些人后来都不得不参加自己所极不愿参加的进士科，以图得一官半职，维持生活。唐代的新进士睥睨一时，号称新贵，那些世家大族却反以寒流自居。这和六朝时代较，恰是一个正相反的大转变，不知许多人何以尚误认唐代是门阀世族时代。这一阶层到李德裕时，是一个回光返照，不久以后只有被投入黄河，把"清流"变成"浊流"了（当然清流中也包含新进士阶级）。

唐代社会被误认的另一个因素，是大官僚的庄园。很多人就这种事实，简直说唐代才是典型的封建社会。其实唐代的庄园，那里能和春秋、战国时代的"邑"并举。唐代的庄园，不惟不是封建性的，反倒是商业高度发展的结果。那些庄园，却不是为自给自足的目的而设立，加设碾硙，碾米磨面，都是为制造商品，都是大规模的面粉公司式碾米厂。庄园除佃农外，有很多雇佣工人，且其买卖转移，非常迅速，一切这些都不是封建时代所能有的现象。

其实，唐代最明显的现象，是封建阶层走下坡路，而工商业者有高度的发展。唐初以降，已有了大规模的手工工场，工人有的多至二三千人。唐中叶后，更有了办理存款业务的"柜坊"，有了汇兑性质的“飞钱”，其他都会、交通、国外贸易，都有空前的发展。这些那里能是封建时代的现象？不惟不是典型的封建时代，即连半封建的时代亦不应划入。半封建时代至少还应由封建特权阶层掌握政治、经济的主要权力，然而唐代却是封建阶层已快要到消灭的境地，而掌握统治权的却是官僚、地主、商人的结合体，这个结合体是以经济剥削方式构成其权力的。

这样一个时代，我无适当的名称称呼他，而宁愿称之为“过渡时代”，因为中国的社会正要走向一个更新、更进步的时代去。

（八）由宋而明而至清中叶，是中国史上最进步的一个时期（辽、金、元的情形多少有点不同，不过也能配合起来）。这个时期的进步事项，指不胜数。首先，过去封建阶级的割据现象，这个时期完全绝迹。以宋代国势那样衰弱，而内部却从无军阀的割据扰乱。南宋初年的镇抚使和四大屯，本是有意恢复唐末的藩镇制的，可是终未成功。近人虽指谪张、韩、刘、岳等是军阀，然而后来秦桧一收三大将兵权，皆俯首受命，究竟不能算军阀。到了明代，以嘉靖、万历间那样荒唐无稽的政府，也从无边疆大吏能称兵割据。若清代中叶以前，是清朝的全盛时期，更不用说。封建割据者的不能出现，正是说明了社会内部残余封建势力的微弱，已不足以培养割据的力量。而相反的，在另一面，中央的权力却极度提高，形成了君主的极端专制。中国的君主专制政体，普通皆谓始于秦代，其实秦汉以降，真正掌握统治势力的是豪族式世族，君主并不能专制，试以宋、明、清间君主的威严，和隋、唐以前甚或隋、唐时代的君主较，真有天渊之别。真正的君主专制，实始于宋，由明到清，愈后愈甚。宋、明、清时代的君主，正相当于欧洲“大君主”时代的君主。若秦、汉间的君主，见其臣子，尚须“御坐为起，在舆为下”，那时远不能比拟的。大君主的产生，不是偶然的，非在社会经济发达，货币制度建立，交通运输改进，使离心的封建阶层消灭以后不能成。宋、明、清的时代,正是这样一个时代。这时期的手工工场、商行、货币、都会、交通等,较唐代又有进一步的发展;国外贸易已经到了找寻殖民地的时代;现物地租,已悉改用货币;徭役劳动,大部分也改用募役;农奴制度最后的一个小小尾巴丁口税,到清初亦完全废止。这许多许多表现,那里还能再称为封建社会或半封建社会呢?

我觉着宋、明、清的时代,是相当于欧洲十五、十六、十七世纪间的时代,是资本主义社会的最初期,普通称作"商业资本主义"时代的。这时期的欧洲社会,曾有过一个名称,称作"城市工商业社会"。宋、明、清间情形虽可相比,但究竟有所不同。中国的城市工业,虽不乏数千人的手工工场,但究未普遍的大规模发展起来,如欧洲那样。中国主要的生产者,是在农村,除极少数的纯工业制造品外,手工业的产物,亦大部分是农产物制造品。因此,商业者的商品,大部分须来自农村——农产物或农产物制造品,只有一小部分是纯工业的。同时,商品的市场,亦几完全依赖农村。所以中国商业上,始终不脱"赶场"和"镇市"的形式,就是因为商业者须追逐农村的原故。不过虽然如此,也并不是说中国的城市,竟无经济上的价值。其实许多城市,都已尽了"都会"(metropolis)的责任,他是批发货物和资本划汇的场所,同时也是大工厂、大商店的集中地。但因农业生产——生产商品——究竟占主要部门的一点上,我过去曾用"农村商业社会"一名称,以示与欧洲社会的差别,恰可用于宋、明、清这个时代。

(九)由清中叶,即鸦片战争以后,到最近一百余年以来,这是中国史上一个"变态时期",绝不是中国史正常发展的结果。在这时期,几乎已有一千年未曾看到的封建割据现象,到这时又出现。权力已经极高的中央政府,到这时又衰弱下来。其他,工商业的凋零,土地的集中和豪绅地主的横行,中小农民的破产,一切一切都又表现出极浓厚的封建生活出来。假使不细考查过去的情形,单以近百年以来的形态看,那真是几千年以来中国都停滞在封建时代中。殊不知这种现象,完全是一种变态,是历史的逆转,并非中国史的正常现象。其所以发生这种变态现象的根本原因,很明白的是高度资本主义侵略的结果。按明、清间,欧洲资本主义的势力,已经来到东方。可是那时欧洲资本主义的阶段,也仅在初期,并不比中国社会为高,他们不惟不能侵略中国,而且那种海外贸易实在还是中国所需要的。及不久以后,欧洲经过工业革命,始较中国跨进了一大步,中国才显然落后下来,遂以鸦片战争为开端,欧洲人成了侵略中国的帝国主义者。在这种侵略下,中国几千年来发展成功的经济机构,全被破坏。旧有的手工业破坏了,代替的是外国产品;旧有的商店破坏了,代替的是洋行买办。工商业一破坏,广大的农村经济,只有往出流,不能往回收,遂致农村破产,中小地主皆不能立足,渐致赤贫。整个经济机构既破坏,于是反动的封建势力自然要复活,又加以帝国主义者尽量扶植,作为侵略的媒介,遂使近百年来又堕入封建割据的扰攘之下。所以清中叶以来,中国封建形态的重复出现,绝不是中国史的正常现象,是一种逆转,实无可疑。我们若根据这种变态现象,遂推说中国几千年以来就是这样,那实在是莫大的错误。这种错误,不惟不能深切了解中国史的发展,即对帝国主义的侵略,亦将低估其作用,因为数千年来,中国既一直还是封建社会,那帝国主义的侵略,又摧毁了些什么呢?

帝国主义的侵略和封建势力的复活,是中国历史发展中的两股逆流,所以中国的革命,是以排除这两股逆流为主。

原载《东方杂志》1947 年第 43 卷第 14 期

中国社会问题的核心
——实在组织问题而非经济问题

一　再论中国资本主义的前途

中国社会的不能成为资本主义社会，无论从那方面看来，都是得显明的事实。此所谓"无论那方面"，尚不包含资本主义整个的危机和中国的封建势力及帝国主义者的侵略破坏等。因为在前一点，资本主义者固不承认，而后两点亦非全不可补救，若只从这些方面诊断，尚不足以全窥中国社会困难的症结。中国社会的真正困难所在，乃是在种种矛盾之下，使中国的资本主义不能发展起来。中国资本主义的不能发展，前期中已详细论及。近日上海《申报》载有尤怀皋君《敬告全国大中学生实行教育救国》一文中有论及对外贸易"金钱外溢"的一段（十二月二十五日《申报》），有几句话颇可以证明作者所指出的矛盾之一，今录于下：

全国对外贸易"如每年入超为八万万元，则上海各埠可分润八千万元，故金钱外溢的数目愈大，则上海各埠所得亦较多，然而内地则益贫，如是则内地之资产阶级取给于农民者日减，而政府之税收亦减，于是乎全国之购买力将大减，乃至外货停顿，上海各埠首蒙其害"！

这种情形很明白，要不着多讲，我们所最应注意的，即“金钱外溢的数目愈大，上海各埠所得亦较多，然而内地则益贫”。这就是显然证明中国的商业乃变态的发展，非本国社会所需要，但也惟其因为如此，所以内地贫了，购买力大减了，结果“上海各埠首蒙其害”，那些商业者也是发达不起来。这个“困难之环”怎样解决呢？激烈的要用武力打倒帝国主义，一般人想以经济的打倒。尤怀皋君的意见，也可以代表一般人的意见，以为“必须要（一）增加国内农产品销售外洋；（二）制造国货，抵制外货”。这两个办法，说穿了，只是要以中国的资本主义打倒在中国的外国资本主义。这都是我们的一厢情愿，毫没有计划到。在这“困难之环”中，中国的资本主义怎样发展呢？在内地益贫、购买力大减的今日，种种方面占有优势的外货，都尚要停滞，中国又那有力量来增加国内产业，以与外国资本主义竞争呢？我们平常说“购买国货，抵制外货”，只是一个救济中国逻辑上的推论，若在事实上，却不如此简单。在事实上，中国的变态商业组织一日存在，外货的抵制即不可能。外货尽量的倾销，国货工业即无由发展。但是假使外货能如理想的抵制住了，对外贸易亦必衰落，影响国内经济状况的亦至大，于国货业的前途亦必有碍，这是一个无法解除的矛盾。欲救济中国，必须跳出这些矛盾以外。若永久在资本主义的钱庄中翻筋斗，只在对外贸易上打算盘，那就永久也打不过外国资本家的。

二　产业发展上的真正阻碍

但是说来说去，并非说中国的产业永没有发展的希望，只是说在资本主义的种种矛盾之下，绝无发展的可能。假若避开那些矛盾，中国的产业又不是上帝的规定，怎么不能发展呢？这些矛盾的存在，很显然的是组织问题，而不是经济问题。

所谓“组织问题”，比方中国的商业，明明白白不是发达不发达的问题，而是商业愈发达对中国社会愈有害的问题（金钱外溢愈多，商人所得亦愈多，而内地却益贫），怎样才能使商业变成有用的，这显然是组织关系。中国金钱的外溢，我们只致恨于外国资本家的侵略。其实外国资本家的侵略固可恨，但是在经济上，如果没有中国内部的组织作媒介，外国资本家的努力怎样能普遍发展于中国内地呢？可是我们并不觉着中国的商业应当根本改变，尤其在政府，因为大部分税收都来原于商业税的关系，更不觉其为利为害，只一味鼓励其发展，于是在一方面极感于内地破产问题的日益严重，为之焦急无法，而一方面却对于尽量搜括内地财富以输送外国的商业者，认为系发展社会经济的良好现象。社会的构造本是矛盾的，然而从没有像这种现象更矛盾、更奇怪。

这一个问题，并不是没有人注意过。近十年来，每在革命高潮中，都有“打倒买办阶级”的口号。这固然只是理论上的目标，非实际的办法，但是实际办法，在一般人想来，也只是有“发展国货工业”。国货工业能发展，使商业者从本国货中取利润，自可免去金钱的外溢。但是在变态商业组织存在之下，国货工业受其阻碍，毫无发展的希望，已讨论于前。由国货工业的所以不能不受其阻碍的根本原故，也是在国货工业的本身组织上。国货工业的组织是为营利的，他们是看见无数的金钱外流，想夺一部分回来，归于他们自己，而绝不是为救治社会的崩溃、衰落而来的。惟其因为他们的目的是在营利，所以在外国的资本主义侵略之下和变态的商业者冲突之下，使他们无利可赚，结果自然不能发展起来。所以我们假若说中国工业绝不能发展，真是一句笑话，而事实上实不能发展，其根本原故，只在其本身组织上——因为是资本主义的组织（营利），自不能不受资本主义定律的束缚（大资本压制小资本），所以不能发展。从组织上看来,中国工业不能发展的问题,实较明白的多。

其实,工业的不能发展,是原于资本主义组织的关系,而商业的所以成为变态的,愈发展愈对社会有害,又何尝不是如此?正因为商业者自身组织也是在营利,所以才不惜尽力替外国资本家做走狗,以图稍得余润。可见今日的中国,所以弄成这种地步,实是受了资本主义的大害。对于这一点,一般人不愿意去讨论,因为一般人准觉着凡是工商事业,必是为营利,若不是为营利,又有谁愿意去刻苦经营呢?殊不知在大资本制度的压迫下,因为营利而破家丧身的已不知有多少!资本主义制度的不适用,绝非理论问题,实在是极明白的事实问题,尤其在现在的中国,其不适用的事实,格外明白,格外严重。一般人对于非议资本主义的一切理论,都视为可怕的共产主义,但是毫不注意试行共产主义的苏俄,为什么就能解除了他从前的一切困难,而蓬勃发展呢?苏俄所行的政治,不管他是共产主义也好,新经济政策也好,而其最大效用只在两点:他能把被其他资本主义国家支配的商业组织,变成自动的、有计划的,同时他更把本极无利润可赚而却为社会上共同必要的事业,同国家尽量的经营,使为充分的发展,其结果旧日社会上某一部分人似乎无银行存款,但是社会的全部都同受其利。这两点效能,实是现在的中国所最需要而办不到的。我们现在试设想,假使中国的对外贸易,不要由商人任意介绍外国货品入中国,致中国的金钱不断的流出,而是在一定的计画之下,视中国社会所需要,然后以中国所有所余,以相携取,那中国社会的财富又那能不断的流到外国去呢?再假使我们不以营利为目的,而视社会的需要,集合全部分的劳力,以开发制造国内的货品,那又那能受外国资本家的压迫,致赔累倒闭呢?

这样的改变,即全然是组织问题,而非单单经济问题。假使我们不能立刻觉悟此中症结,断然为"非资本主义"的改造,而仍欲东施效颦,以为在相当努力之下,各种繁荣事业,都可逐渐造成,那就不啻如孟子所说,将较缘木求鱼,殆有甚焉!过去中国工业的情形,已把资本主义的缺点,显然告给我们:中国欲办大工业,首先必借外债,买外国机器,开厂以后又须和外国货品竞争,其结果一部分利益已在暗中为外国资本家取去,而在和外国货品竞争之下,又很少有利润可得,结果只有赔累倒闭。较大的工业,自纱厂以上,已都是如此。现在中国已发展的几种工业,都只是些小资本经营的工艺,赛璐甲法琅厂、毛巾厂、绒线厂、罐头厂……一切这些,虽充其量的发展,于社会经济的前途关系亦极有限,而较大的工业,却从未发展起来。这种症结很明白的不是努力不努力的问题,实是努力不得其法所致。那中国的产业,必须改造组织,找寻新的出路,还待细说么?

三　农业崩溃的根原

近几年以来,很多人除过极力觅取发展工商业的途径外,同时也很注意于农业问题上,以为发展国内工业固是,而农业的急待救济,尤为刻不容缓。这一个转变,不论其所认定的理由是怎样,但准有一方面的价值。因为国内占全人口百分之八十七的农业者,都已流离失所,即不论工商业,虽就是发展,也无人枉顾,而且连从事工商业者所吃的粮食,也须反转向外国购买,这种离奇现象,还说什么发展工商业呢?一般人的觉悟必须从速救济农业,主要的原因实在此。

但是今日中国的农业问题,实和工商业的不能发展有同样的性质,即不单单是经济问题,而实是农业者自身组织的问题。今日农业的所以不断流于崩坏、破产,在谁都可看到是一方受各层封建势力剥削的结果,一方又是受各级资本主义侵略的结果,在农业者自身,绝没有抵抗任何侵略剥削的组织与能力,这是很显明的事实。

为什么农业者只有横被宰割而没法抵抗呢？因为中国的农业，向停滞于自耕自足的封建形态中，惟其是自耕自足的，所以大部分农业者都是小农经济，有几千亩以上的大地主，已极少见。这种小农经济，其相互关系的松懈，组织的散漫，势力的微弱，作者前已详细论及。在这种散漫无组织的情形之下，其遭受大规模的、有计画的侵略者剥削，自属势不能免。这种情形，原不待细说，兹试以极浅显的几件事实来说。

农民暴动的问题，在农业者和其他较有组织的工商业者，原属同样遭受，但是不论在什么时候，工商业者对于过分的压迫，类能罢工、罢市，往往使任何军阀也须相当的屈伏于其威胁之下，然而农业者却绝不易采取此种方式。近十余年来，在革命高潮中，罢工、罢市的示威运动已叠见不鲜，然而农民的抗租暴动却绝无仅有。这就是说明农民不惟无中心组织，而其组织且是极分散的，绝不易有群众行动，自非绵羊似的静待压迫不可了。所以对于封建军阀的宰割上，无组织的农民，自较工商业者易于遭受，自不待说。

又如农民因于资本主义的侵略，所受困苦，直指不胜数。其最可骇怪的，莫如农民的生活，向来是操于商人手中。即如农产物，其价格的估定，通常都是出于经济学的原理以外，农民的产物绝不能按其消耗于生产上的一切费用，决定其价格，而必在市场上全为商人所任意操纵。普通的物价，一般商品必较农产物易于高涨，而农产物在一般有价值的物品中，又是最易伸缩的。比方，一九三〇年的中国，各地都遭水灾时候，各地农民都急需粮食，而米价乃涨至二十余元，及一九三二年全国丰收，平均都在七成以上，农民正欲以其产物换取需用品时，而米价每石乃落至三元。这种剧烈的伸缩，除过为商人操纵外，绝无其他正当的理由可以解释。农民为什么必由商人操纵呢？很显然的只是因为商业者是较有组织的，他们对于一切物品,有衡量利益取一致行动的可能,而农民却绝不能如此。农民如急需换取其他物品,不得不服从商人所规定的不能忍受的价格,以出售其产物,但是商人却不虞无处购买谷物,而受农民的压迫以减低其所售物品价格的丝毫。这种关系即显然是组织的较集中和纯然散漫无组织差别的结果。

同时再反过来看,农业者的本身若有组织时,即可减轻商业者的操纵。在完全资本主义化的国家,农业者即显然有这种势力。在资本主义的国家,农业者都是大规模的商耕,土地的所有较集中,农业者间自易于有集合的组织,所以能有代表农民的极有势力的政党,在一切政策上能和资本主义者的代表抗争。这种势力,是基于其土地的组织关系密切的连系上当然的结果。而在中国却绝不会有伟大的农民政党,而且事实上也绝不需要。这种原因,即是因为中国的农业者,其本身相互间本无任何连带的关系,且是互相隔膜,痛痒毫不相关,又那里会有集中的组织呢?农民的本身无组织,自然只有任由其他势力宰割操纵了。

所以农业者的历受过分的压迫,忍受极残酷的侵略,以至于日流于崩溃、破产,到了现在已几于不可收拾,其根本原因,只是数千年以来向有的"小农经济制度"赐与的结果。这种"小农经济制度"——也可说是半封建的农业经济——原是在资本主义制度未完成以前一切国家都同样具有的,不过在各资本主义先进国家,他们已经过极大的骚乱,在资本主义制度完成以后,农业已逐渐改变其组织,同样的资本主义化,所以重复发展起来。但在目前的中国,一般的资本主义前途,几乎绝不可能,农业遂更成了绝无希望的崩溃趋势。要救济中国的农业,非改变了其原有组织,以加强了抵抗外来的一切侵略压迫势力不可。

但是很可奇怪的,是最近认为救济农业的根本方案,虽最激进的人，也只是采取了历史上一般似是而非的观念，以为平均分配的土地制度，即是最优良的救济农业方策。其实，“均田制度”在历史上究竟是怎样一回事，且先勿论，只是这种制度，即使实行出来，也于农业的救济毫无关系。我们现在所以能认为“均田制度”是良好的制度，唯一的理由，也不过是因为田地的平均分配，可以根本取消了地主阶级的剥削，这个固然。但是农业上的封建形态，实际说来，并不仅仅是一个地主阶级存在之谓，凡农民的任意分割土地，各过其自耕自足的生活，永为世业，即是十足的封建形态。假使我们仅仅取消了个地主阶级，而土地仍然割裂于许多农民手中，而且平均分配的结果，必是更形割裂的（如十六年武汉政府时代，在湖南平均分配土地的结果，每个农民所得不过一亩有余），这不惟于社会的根本构造毫无改进，而且于农民的本身，亦绝不会收救济的效果，农民受操纵压迫，仍时有可能，绝不会减少丝毫。况且即离开组织问题不谈，只以经济的观点来说，农业的破产，其救济的根本方策，自非极力改变农业工具，增加其生产力不可。若如是，则或在现状的组织之下，或在平均分配以后，每个农民都有各自保有三亩、五亩、三十亩、五十亩，最多不过一二百亩的小块田地，那就虽欲如美国、苏俄，应用最新式的农业工具，一小时可以耕数十里的田地，亦势有所不许。所以这种“均田制度”（如现在福建省政府管理下闽西所行的），不过是名词上的好听而已，遑论其实行上尚有许多困难，即使实行，亦对于农业的救济和农业者的救济，不会生出可乐观的效果。

四　组织的改造和假想的出路

以上的考查，只是在说明目前中国的困难，虽是急迫的需要产业上伟大的发展，但是在现状的组织之下，即在资本主义制度之下，在半封建的农业制度之下，产业实无发展的可能。要打开这种困难，除非用极迅速而有效的方法，把这样旧有的，根本无发展希望的组织，改造过来，中国的经济才有发展的希望。

为什么说改造了组织即能发展呢？这个问题很简单。中国有极富厚的物产，并不是物质上的缺乏；国内的流动资本有十七万万，不是资本上的贫乏；劳动者到处过剩，更不是无人工作。以经济发展产业的条件，都属完满具备，而究竟发达不起来，只不过是因为贫人太多，富人太少。因为贫人太多，富人虽拿出钱来，经营事业，也无人能光顾，结果只有停顿。种种企业既都无利，所以各种企业自然都不能发展了。现在假使不以营利为目的，只极力制造需用的货品，制造可以和外国交换的货品，那中国的产业，既不缺乏原料，又不终乏制造的力量，那又有什么不能发达的理由呢？可见中国产业问题的症结，只是在对个人的计算上有利无利的问题，而不是真的产业能发达不能发达的问题了。

这种农业本很浅显易明，只是一般人不愿意这样设想，更不愿意这样办，总以为组织的改造，没有说来这样简便、容易，而且必会引起决大的纠纷。其实纠纷只是人自己招的，并非非有不可。不过我这个话，也并不是说给资本家听，希望资本家觉悟，也不是希望任何形式的政府从事这样改变的工作，只是希望已经具备发展产业条件的社会地方团体，他们与其用旧日的组织经营事业，远不如稍为把组织上改变一下，必会收莫大的效果。这种改变的计画，非本篇范围所能讨论，不过有几个假想的比喻，是可以提供出来的。

（一）比方现在是要开办一个工厂，普通开办工厂是以募集股本为首要事务，现在不以股本为先，而以募集能工作的各种劳动力为首。假使募集得若干劳动力，即以这些劳动力为基础，构成一个团体。这个团体，必须绝对是一个一切都共同享受的团体，然后就着可能，集合全体的力量，制造一种或数种的用品，这些用品，除自己团体以内最低的共同消费外,其余的也都采取一种"探并"政策,尽力向社会抛销,如是必可夺得相当市场,然后以交换所得,再尽力吸收工作的劳动力,扩充可能的制造品,如是团体的数量可以日益扩大,其本身的组织日益加强,自不用说。团体的组织力量既莫大,固不待说,而同时即在他们的经济状况上,亦必是巩固的。因为:第一,在这个团体以内,没有巨大的私人消耗,在平常工厂以内,资本家必分去巨大的红利,职工人员又须支取巨额的薪金,在这个团体以内不需要这些;第二,他们的资本和劳动力,都可尽量的应用到他们的事业上,不必受什么阻碍。如果同样性质的团体能分成数个(当然愈多愈好),则他们的日常用品,都可互相供给,自可以根本推翻商人的剥削。所以虽在外边的市场狭小时,他们也可以互相交换,绝不会有什么经济恐慌,这样的组织当然是只有发展的。

(二)不过,这个团体,当然有一个绝大的困难,即他们从事制造的原料品,在现状的组织之下,从什么地方来呢?若都须购买,那就必要受到很大的压迫,所以最简便的莫过于农民来实行。许多小经济的农民,都已合法的取得土地所有权,如果理想的假定一村农民都同意这样的团体,就把他们的土地,同时和他们劳动力,都加入这个团体,共同来生产,一切都照上边的办法。同时对于现状的政府,也照常缴纳应纳的租税,如是在无干涉的状态下,他们可以日谋其组织的扩张。如果参加团体的土地和劳动力能愈多,他们在各方面自然能愈便利。至于工具的改良,制造品项目的分类,都可有计画的做去,当然不须说。

(三)这种组织的特点,即在他不是以营利为目的,而是以发展事业为目的。在这种目的之下,我以为虽或有不少的困难,但不是不可以免除的,虽或会招外来的压迫,但已决不是如旧日一样,绵羊似的忍受,如果必要,是有力量抵抗的。即使暂时仍有忍受的必要,将来组织发展，理想上是可以为所欲为的。

这种办法是种什么办法，不须细说。不过在旧日社会上，这种办法本来也是很多的，什么三和堂、二合堂、三友社……他们原来都是这种办法，居然以很少的力量即能很迅速而伟大地发展起来，可惜在相当发展以后，他们的性质即全变了，原先那个“和合二仙”都变成大老板，变成专门榨取别人剩余劳动的恶魔。结果在他们的红利观念下，遂不得不受种种矛盾定律的支配，既对社会无利，到头来于他们自己也无利。现在只要把这种“和合二仙”的精神，“扩大应用”，“永久应用”，中国经济的转变，社会的转变，似乎，或者，都可从这上边决定！

一九三三. 二. 九

原载《前途》1933 年第 1 卷第 3 号

论复兴农村的理论与实际

凡一个问题,往往会有许多不同的意见,在理论上,应当是不论意见有多少,中间必有“是”有“否”,如果没“是”没“否”,就成了“诡辩派”。现在农村的衰落问题,已成了讨论的中心,但是农村为什么衰落,怎样救济,就有极多的不同意见,“彼亦一是非,此亦一是非”,很难得一个真正的是非。

关于农村衰落的原因,照一般的意见,应当有下列几种:

(一)军阀过重的剥削;

(二)内战的扰乱;

(三)土匪的骚扰;

(四)水旱的灾荒;

(五)生产技术的幼稚;

(六)资本主义的侵蚀。

假使针对这几项观察,设想对策,就可得出下列的救济方策:

(一)免除苛捐杂税;

(二)制止或停止内战;

(三)剿匪;

(四)浚河、造林等;

(五)提倡机器农耕等;

(六)组织农村合作社等。

这些意见和办法，初看起来，几乎都是些逻辑家所谓“自明真理”，用不着多说。但是办法出来以后，一般社会人士，期待又期待，到后来准会发见世间的事，或者是“知易行难”的，说来容易，效果却甚少，农村的衰落还是衰落。

为什么效果很少呢？那我们不妨试试再讨论一下看。

首先，我们要问，苛捐杂税的政治，绵延不已的内战，遍地的土匪，一切这些，究竟是从衰落的农村社会中产生出来的呢，还是突然由别处跑来了这些现象，把农村弄的衰落了呢？这个不用细讲，也可知道前一点是事实。因为不论军阀、匪盗，都是这个社会的现象，绝没有从这个社会以外跑来的道理。正因为这个社会衰落了，崩溃了，才产生出这些病态现象。假使社会有严密的组织，绝不会有无数的军阀，假使社会很繁荣，也绝不会有土匪，这是很明显的道理。既是这样，那末，凡军阀、内战、土匪，就应当是农村衰落的结果，而不是农村衰落的原因。既是结果，那你要消灭军阀及其苛捐杂税，消灭内战、土匪，就非根本先有救济农村的方法不可。假如农村的衰落无法救济，而只认定单单取消军阀割据、制止内战、肃清土匪为救济的办法，那就倒果为因，其结果只有是推翻了袁世凯政府，又有了段祺瑞政府，推翻了段祺瑞政府，又有了曹锟政府，直皖之战完了，又会有直奉之战，直奉之战完了，又会有奉国之战，如此相续而生，永不会停止。

我们意思并不是说军阀割据不需要反对，只是说如果不是站在新的组织上来反对，那就永久也反对不了，永久会继续产生的，正好比一个十八世纪以前的头颅，绝不会有新的思想产生，攻破了他的忠孝节义的主张，他们还会说出仁义礼智信来的。

如果以上的推断，不是无神的诡辩，就有更进一步推考的价值。那末，军阀、匪盗，既是农村衰落的结果，而不是原因，这样，农村衰落的原因，究竟是什么呢？或者可以比较根本地举出“生产技术的幼稚”一点来，近来已有很多人极力提倡机器农耕，认为是改良农业的根本办法。这种办法，固然是对的，如果中国的农业在复兴以后，必然是机器农耕，这是可以断言，但是目前的问题，却不在这点。

现在首先也有几个疑问。第一，中国的农业技术，同机器农耕比较起来，固然是幼稚，但是现在的问题应当是改用机器农耕，增加了生产力，是不是能解决农民的问题呢？若按农业的生产力说来，在事实上，即照中国幼稚的技术，似乎也可以不感缺乏，即如去年的情形，每亩地平均能收三担稻子，如果不要受其他迫害，平常的农家本是可以安乐的，但是可惜稻子收的愈多，愈不值钱，生产力加增了又有什么用处呢？一般人企图改良农业技术，改良的结果，能如美国的样子，在现在的世界可以算是到了极点了，但是即在美国，生产力固然是最高了，然而也不过是产物过剩，物价低落，农民的恐慌，仍然是免不了的，那末把美国式的恐慌，代替了中国式的恐慌，又有什么用处呢？一般人只看见中国的产量小，是贫穷的根原，其实产业多的国家，他们的情形我们岂不是也看见的么？可见现在社会的恐慌，并不在生产力的为小为大，徒然以改良生产技术为救济农村的根本办法，那也是可以断言必不会有什么效果的。

况且还有第二点，即使仅仅改良了生产技术为有效，但是照中国现在的土地制度，能不能施行改良，也很成问题。中国的土地所有者，每家最多不过有一二百亩，其他属有三五十亩、十亩、八亩的更占极大多数，其能有一二千亩以上的只是例外，在这种分割的土地制度下，怎样能用大规模的机器农耕呢？若用机器农耕，必先用大量的资本，把小块地集成大农场，这中间需要多少资本呢？即使有此大宗资本，但是精明的资本家是不是肯做这样愚笨的土地投资呢？听说最近政府已有一种计画，要组织一个大规模的国内银行团

（或者还有国外的），专门投资土地，经营农业。这种计画如果能成事实，固然很好。所谓“很好”，是说他将可以打破过去封建的割裂的农业组织，使农业工业化，促进社会的发展。然而这种结果，未必是计画者所预计的，计画者不过是站在资本主义的原则上，企图开辟增加利润的场所，那是经营的结果，是否能有利，是否不发生美国式的恐慌以及其他纠纷，因而使其计画无由达到，都是可以想见的。

我并不是说中国农业的生产技术不需要改良，只是说在现在的生产关系下，真无法改良，而且现在农村的崩溃，也并不仅仅是生产技术幼稚所致。如果不是生产技术幼稚所致，那就非改良了生产技术，也救济不了农村的衰落恐慌。

那末，农村衰落的真正原因究竟是什么呢？或者当然会举出资本主义侵蚀的问题，这固然不错，且是更根本的一点，但是如果这是真正原因，那就根据过去资本主义国家已经有过的事实，农业的崩溃，非等到农业上有新的组织发生，不能再行安定。关于资本主义侵蚀农村的经济问题，不必我们多说，我们只要看到过去欧洲封建制度下农业的崩溃和以后数世纪以来在资本主义制度重复经营下的农业，其间所相差的绝不只是政府形式的不同，也不只是生产技术的不同，而真正的差别乃在经营农业的方法或组织上，生出根本的差异。虽则这种差异，也是由工具技术等各方面的改变而来的，但是显然可以注意到，新的技术的应用，必须随着新的组织的产生，如果这种新的组织未完成以前，新的技术也是不能充分应用的。所以假使资本主义侵蚀农村的事实已确定，那末在这种现象下所将引起的反应，无论以过去历史的教训看，无论以理论上看，皆应为农业组织上的根本改变，而绝不仅仅是利用合作社等。

以上的推断，或者不至于流为诡辩，至少在我要认为是事实，那末中国农村衰落的原因与救济，绝不应从衰落的过程中产生的一些现象着想,如军阀、内乱、土匪、灾荒等。如果农村经济不能恢复,这些现象就无法阻止,更何能希望这些现象的减少为救济农村的方策呢?同时对于生产技术的改进企图,亦属空想。如果不连带注意到组织上适应的改造,技术的改进也不可能,亦不必要。至于资本主义的势力,更非只说想一种对策所能抗拒,其为根本组织上的关系,尤属显而易见。

所以现在中国农村衰落、崩溃的原因,就明确的事实上说来,实只农业的生产关系或组织关系必然趋于崩溃的结果。如果没有新的组织来代替,这种崩溃的趋势,绝无法阻止。假若欲救济农业,必须在有使农业发展可能的组织上着想,若离开组织而讨论一切现象上的对策,那是必无效果的。

关于中国农业的组织问题,亦已早成为讨论的中心,其最被人仰望的一种新的组织,即"平均地权",或更彻底的"平均分配土地"的计画。这种计画,老实说来,实只是中国数千年以来的一种理想制度。对于这种制度,人们往往只是慨叹其不易实行,但却从没有人怀疑实行此种制度以后的效果。在历史上的情形,现在且不必谈,即以目前农业上所感的困难看来,实行这种制度,既不必要,且亦不会有好的效果。至于实行上的困难,那就更不必说了。

所谓不必要,是说实行平均分配的结果,对于农业的组织上并不会有多少改进,而在中国的小农经济制度之下,所需要的改革,更不在这点。土地平均分配的最大效果,是在推翻地主阶级的剥削,但是中国社会的不易发展,地主阶级的存在固是一原因,而无数富农、有耕农的割据土地,过其封建的自足生活,尤为束缚社会发展的一大原因。假使把土地平均分配开了,其结果固然使地主阶级消灭,而另外却增加了富农、自耕农的数目,何况实际上将都成了贫农。这种更多分割的结果,于社会的发展不惟无利,而且有害,这是显然易知的。

况且照中国现有的土地制度，我们已经说过，大都是属有一二百亩或三五十亩的小经营，地主的势力，和俄国革命以前的地主相差极远(革命前俄国的地主，普通能属有五十余万亩土地)，这种大地主的稀少，固然不能即视为土地的分配已平均，然而在小农经济的制度之下，其需要于土地的平均分配，远不如大地主制度下的急迫，自是显然的。这就是说现在中国所感到的土地问题，地主阶级的存在固然是一因素，然而并不是唯一的，问题的中心乃是无数割据的自私的小农业者的存在，对于这些小农业者的处置，当然不是在平均分配他们的土地了。

况且更有一要点，是目前对于农业上的改革，至少须以能应用更进步的生产技术为标准，绝不能单求现状的安适。平均分配土地的结果，现状是否能安适且不必得，而对于新式工具技术的适用，将和现状之下一样都不能适用，是很显然的。若这样，平均地权或平均分配土地的计画，也不过是历史上传下来的一种观念，或者是欧洲过去土地制度下的一种理论，而却不是目前改革或救济中国农业崩溃的极则。

总括以上几点，即可看出平均分配以后的效果，他可以取消了地主，而增加了自耕农等类，增加了土地的割裂自私，农民的封建意识不会减低丝毫。平均分配的结果，必连带的保存了旧日的生产方法，使他无改进的可能，同时，中国社会的分散，组织的松懈，将在这种理想的计画之下，更增加其分析，使其永无抗拒一切外来侵略的可能，如军阀或资本主义等。

所以至少在我个人看来，这种平均地权以至平均分配土地的办法，绝不是现在中国所需要的。

不过平均分配土地的理想，比较单单在现象上设想的一些救济方策，可以说是更中肯一点，只是与其费偌大的力气，来行这种效果很少或且不必要的制度，那就未免不值得了。

我以为救济今日中国农村的崩溃，唯一的有效办法，只有改变当日旧有的割裂的个人经营，使成为“农民共营”的“集体农场”。这种办法，我们希望实行的已经很多，固不必再多说，只是其所以成为唯一的原故和实施的方法，我愿意略说几句。

在集体农场制下，农业上可以尽量应用大规模的耕种方法，可以免除农民自私的割裂。由农民共营，可以消灭地主阶级的存在，可以免除资本主义下无谓的消耗和恐慌。这些都是极显然的事实，而却是目前中国最需要的改革。尤其我们应当认定，在中国，军阀不断的产生，内乱的频仍，实都是旧日农业的生产关系下产生的。旧日的生产关系，正是一种割裂的、松懈的组织，天然会产生封建自私的军阀。同时农民自不能不服从其苛捐杂税的政治，是由碎割的土地制度，使农民的组织分散，因而允许军阀的存在。欲图根本取消此种大蠹，有亦非集中土地、集中农民的组织不可。若不先为此根本的改造，那就虽高唱一切取消军阀的计画，也不会有效的。

其次，关于资本主义的侵蚀一点，亦何尝不是如此！资本主义的侵蚀农村，理论并不烦复，只在其组织的松懈与严密上相较，无论何时，农民亦处于失败的地位。即以浅显的例讲，凡工商业团体，随时都可照着需要，为统一的组织及行动，然而农业者却只有屈伏。其所以不得不屈伏，正是因为其各自过着自私自足的生活，绝无连系的利益关系，其结果只有受有组织者的支配。而在农民共营的集体农场制下，绝可以免除一切和资本主义有关系的事项，这是可以断言的。

所以今日中国若不言救济农村则已，若以复兴农村为急务，那就舍农民共营的集体农场外，几无二途——他可以增加社会统一的力量，免除循环不已的内战；可以根本消灭地主阶级；可以改着永久停滞的小农经济，能尽量应用最新式的生产技术，以增加社会的生产力；可以减少或消灭资本主义的侵蚀……一切这些都是中国现在农村所感的困难而急需改造的。

关于集体农场制，以目前看，最困难的是在实施，但是无论如何，比平均分配的计画，要便当易行的多。平均分配的制度，他的基础仍然建在私有制度上，那就绝不能禁止土地的买卖，其结果兼并、侵略等事亦势不能断绝，而且人口的流动，户数的增减，其他职业的分配，都是极感困难的。但是集体农场制施行以后，却绝没有这些困难。施行集体农场制最困难的地方，当然是在私有制的取消。用什么方法才能使一切地主、富农、自耕农等，把他们的土地交出来，变成农民共有的呢？初看起来，如不用革命的手段，这一点似乎是办不到的。这是当然的，一种根本的改变，绝不能完全避免革命的。但是中国的农村已衰落到这步田地，失业的农民增加，荒地增加，土地的价值落到最低度数，这种现象，却很便于施行新的制度。在这种现象下，自然也便于资本主义的经营，但是资本主义制下经营的结果，意料的必会生出资本主义制下的恐慌。若用同样的资本、精力，来作必有障碍的经营，就远不如实行更合理、更有希望的新制度。

原载《前途》1933年第1卷第6号

云南事略

云南在我国本部领土各省中，开辟最晚，其地有独立的历史，几乎和中国历史一样长短，且其地实为中国和印度文明最早的接触区域，在历史上极可注意的。

当公元前数世纪间，已有中国民族和印度民族分别建立的小国家，其国家甚多，当今云贵之间的为夜郎国，其西为滇国，南为畹町国，再西为白子国、哀牢国等。滇国据说为楚庄王后裔庄跻所建，其人亦有谓系楚金尹子文后裔的，大概皆可代表中国民族最初向西南的迁徙。而白子国等传言为印度民族所建，据谓白子即释迦族之苗裔，释迦牟尼之父曰净饭王，叔曰白饭王，白饭王即白子国之始祖，亦有谓白子系阿育王后裔的。此等说法，虽类为神话，但亦可见古云南人与印度民族之关系。

滇与夜郎，至汉武帝间已为中国所灭，置为益州四郡，独白子尚存。至三国间，蜀丞相诸葛亮平定南中，即以白子王凤佑那王大理，赐姓张氏，于是张氏遂世有云南西部及南部。约传十七代，至唐贞观间，有哀牢蛮细农逻，数有神奇，为人所信仰，白国王张乐进遂以位让之，号奇王。其族分六部，每部有王，蛮语谓王为“诏”，故称六诏。细农逻系属最南一部之蒙舍诏，因亦称南诏。细农逻代白子后，传子逻盛炎，孙盛逻皮，再传至皮逻阁，始并六诏为一，势渐强，唐玄宗开元二十六年封之为云南王，赐名归义。皮逻阁后，子阁逻凤立，因与云南太守张乾陁不睦，遂叛，攻略云南及四川州郡，势力大张，因改国号大蒙，与中国绝而降于吐蕃，吐蕃封之为东帝，此后遂屡为中国患。唐代宗间，阁逻凤卒，孙异牟寻立，又改号大理。及懿宗间，其裔世隆，又改号大礼。如此传至唐昭宗时，其最后一帝舜化真在位，为臣郑买嗣所弑，买嗣自立，南诏遂亡。

郑买嗣自立后，改国号为大长和，传其子仁旻及孙隆亶，仅三世，又为其臣杨千贞所篡。千贞初立赵善政为帝，改国号为大天兴。不数月，千贞又废之而自立，改国号为大义宁。但不数年，又为旧南诏将段思平所攻，千贞亦被废，思平因自立，复国号为大理。时正中国五代时，五代十国既云扰，而云南亦纷扰如是。

建立大理的段氏，据谓即白子国后裔，本世佐南诏，自段思平建国后，其子孙相继在位，而每代末年，多禅位于其子，而自为僧，颇有日本院政府时代风气。传至宋哲宗间，段正明在位，其臣高昇泰极有权力，正明因出家，而让位于高昇泰。高氏亦本白子国旧族，当蜀汉后主时，有越嶲夷王高定作乱，后为武侯所平，昇泰即高定远裔。昇泰自受禅后，改国号大中，在位仅二年即卒，遗命其子高泰明仍奉段氏为王。泰明因立段正明之弟正淳为帝，于是段氏复兴，号后理国，惟实际上后理国政皆为高氏所握，其国人仍称高氏为“国主”。当宋徽宗间，高泰明之弟高泰运曾入贡，宋因封段正淳为大理国王，以后高氏历代报政，皆号中国公。如此相传至宋理宗间，蒙古已大兴南征，蒙古宪宗三年，忽必烈侵入后理，其时后理段兴智在位，执政高泰祥被杀，兴智被掳，后理遂亡，时为宋理宗宝祐元年，公元一二五三年。

蒙古灭后理后，初设万户府以统之，至元十三年始设云南行中书省，与其他行中书省同，此实为云南视为直辖区域之始。

但云南虽划为直辖区域，然云南境内各蛮部仍多自主。即后理末主段兴智，虽为元世祖所俘，而仍赦之，且使为“摩诃罗嵯管领”，使仍统其地。其他各部就其原有酋长封为总管的尚甚多。以是人理一带，仍为后理段氏子孙世守。及至元末，中国既多故，段氏各部遂又独立。及明初，有段明公总领各部，几又立国。明太祖洪武十四年始又命颍川侯傅友德、永昌侯蓝玉等讨之，尽擒段氏遗族以归，云南始全平。洪武十五年，置云南等处承宣布政使司。至宪宗成化间，更设巡抚都御史，与内地同，云南各蛮寨，始逐渐同化。其后至清代，虽仍时有小乱，然已远无古代的声势了。

综计云南历史，前后历千余年，皆为独立国家，即以元代算起，其全部划入吾国版图，亦不过六百余年。当其自立国时，一方固传入中国文化，一方亦与印度有密切关系，尤其在古代，实极堪注意。此部分民族及其历史，吾国载籍中记载的固多，然实不甚明了，如能详为探讨，以觅得中印文化上之最初关系，实为云南同学最应趋赴之事业。

原载《天南》1935 年

记赵君文兹兼及国民第三军事

偶忆及亡友赵君文兹事，黯然神伤者久之！盖以一桀桀大才之青年，踔厉风发，方有所为，而息焉赍志以殁，固人间之极伤心事也！赵君，山西忻县人，试以赵君问诸旧国民第三军孙岳部下及前山西省政府主席徐永昌部下人，几无不知之，且将泫然以道赵君之为人也！赵君乡忻县之温里，家极贫，父母早亡，少赖其兄抚养。其兄亦奇人，素业农，勤劳终岁，仅足糊口，而于君读书所需，无不罗掘以供，君先世多儒者，其同里亦多闻人，如梁硕光者，固早岁从事革命而晚年以佛子驰名南北者。赵君少时既以读书种子，复心仪硕光为人，尝从问学，益以乡长硕儒，于学无所不窥，而风流跌宕，诗什尤长。民八毕业于忻县中学，其同侪莫不负笈走北京或日本，转入大学，君独限于财力，虽欲入山西大学而未能，其间所感痛苦，足以锻炼其心志者盖甚多，最后乃毅然投身于保定军官学校。军校生活，于君所学，性习及体力，皆不相宜，知者莫不为君惴惴。夫以一弱质文人，投笔从戎，暗恶叱咤，固将有所不胜，虽然，班定远固有所见者，他日出玉门定西域，丰功照耀汉代，固较乃兄孟坚之徒劳瘁于记他人成败，而毁誉且参半者，胜多多矣！志之所至，又岂体力所能限哉！

赵君入保定军校后，习骑兵科，学问、技术与夫奋勉精神，无不冠绝侪辈。山西督军阎锡山闻其名，欲于毕业后罗致之。然赵君别有所感，不欲局处山西，毕业后即与其至友郭峄生、郭世五等数人，立志致身国内军界，赵君入直军孙岳部下。孙岳者，固早为国民党人者，蜷伏于直军，将别有所树者也。其时孙驻防大名，只数营人，罗致人才甚力，见赵君，大赏识，引为心腹，由是运筹帷幄，参赞戎幕，迄未脱离。并民十一、十二及民十三，曹、吴势力倾覆，国民军成立后，孙岳为国民军第三军总司令，君为高级参谋。旋孙岳以奉军与国民军争保大防地，被任为豫陕甘剿匪司令，调其军入河南，赵君随军入豫。其时孙岳已病，军书旁午，多赖赵君及同僚应付。函电纷驰，每拟电稿，直书号码，不加对覆，盖其聪颖过人，小事实见其端。及民十四，陕督刘镇华辞职，前山西主席徐永昌君，奉孙岳命孤军入陕，叠破镇嵩军及吴新田军，直入长安，徐名因以大显。不久段祺瑞执政，任孙岳为陕西督办，赵君亦入陕。其间军中所虚，类多颠沛流离之事，盖国民军当时既见迫于奉军，而国民三军势力尤弱，尚远不若一、二两军，虽入陕西，而情形复杂，给养困难。君忽而军职，忽而参谋，劳苦备至。方国民军之攻山西也，君与前山西宣抚使赵守钰君，虽同属晋人，而以不善阎锡山所为故，亦加入作战，且为主力，与晋军肉搏于雁门。阎阴使人以乡谊劝君，且以重职为饵，君毫不为动。及十五年秋间，国民革命军出师北伐，国民军与晋军俱议参加革命，事始解。三军旋退入陕北，而国民一军韩复榘、石友三部则伪降于阎，以就食于察绥焉。其时国民二军以受吴佩孚分化，大抵涣散，西北一带皆为国民一军势力，颇忌三军独存，阴谋兼并，而三军饷械俱缺，委顿异常，几不能军。孙岳部下多引去，孙尝涕泣劝赵君等亦他就，而君与徐永昌君等尽力维持，团结不懈，初无他志。及北伐军底定东南，李烈钧闻君名，亦以三军势不能振，特电邀君南下，而君以三军虽暂为环境所困，而三军革命精神，在北方必将有甚深作用，终拒不久。而军之能卓然自立，而有异日之发展者，君实与有力焉！

君自入保定军校以来，每年假期尚能归里省视兄嫂妻子，及入孙岳军后，阎锡山于本省人士供职外省者，多加歧视，而于军界尤甚，君为避免注意计，迄未归里。国民三军自成立至民十六，类多颠连困苦，岁无宁处，君虽任要职，衣食外别无所入，间有余资，亦悉以分散士兵，家中赖其兄维持，蓬门荜户，境况依然。君畏其兄甚，间有书函询及家事，其兄必以何问家为相勖，盖孟子所谓贤父兄也！民十六初，孙岳病甚，徐永昌与君等知国民三军终不见容于一军，而其时阎锡山方与奉军抗拒，势甚苦，知三军之久展疆场也，极力招致，徐永昌君遂率三军入晋。徐君固亦山西人也。赵君随军回晋后，初驻晋南、汾阳一带，其兄始率君子探访于军中。三军能入晋，然与阎约，不受晋省薪饷，亦不受晋省改编，盖当时孙岳以病在沪就医，赵君等皆不欲背之也。及后孙岳卒，三军乃受晋省给养，惟仍力持保存三军番号。阎不得已，于改编晋军后，以商震为第一军，以杨爱源为第二军，而仍以徐永昌军为第三军焉。十六年九、十月间，晋军之出石家庄北伐也，三军为晋军之左路军，商震为右路，出大同，徐永昌君任左路总指挥，而三军任前敌，赵君列为前敌第三路指挥，先后下正定、无极、曲阳，继克新乐，已至定县矣，乃为奉军屯重兵于望都，猛力反攻，晋军后路接应不力，致大败。是役，阎锡山亲至正定指挥，力促前进。三军首扑望都、安国，被奉军用重炮猛击，损失不赀，幸三军将领久经战役，未致歼灭，晋军虽败于奉军，而三军战绩乃同为晋军所钦矣！方晋军溃于望都时，晋军特派队傅作义部，正从蔚县潜至涿州，本将以牵制保定敌人以利左路军前进者，不幸左路军败而并使傅作义军失应援，遂被围于涿州，历五越月而城不破，奉军将近代所有攻城技术用罄而亦无效。傅君守御之方及山西军之坚忍，实有足多者！事后上海某报誉傅君为关羽云。

望都败后，晋军退归娘子关内，而三军独驻关外，将株守以待北伐军北上。不料以宁汉分裂故，北伐军车停顿，山西军在雁门及涿州备受奉军攻击，抵抗极苦，独娘子关方面奉军颇惮三军，不敢犯。赵君在军，遂得稍暇，乃筹画充实三军内部，设教导团于井陉附近，招收各地青年及下级官佐士兵，授以政治、军事知识，加意训练，期成最有效之军队。时余方以事留太原，与君正有所图，不意三军在晋，素受歧视，战则前线，而居则饷械子弹，措不时发。徐永昌君力事韬晦，浑不与较，诸人者遂皆集矢于君，蜚语流言时有所闻。徐永昌君因劝君将教导团停办，而君素性刚强，凡有所为，必抵于成，不听。及十七年夏，北伐军事再起，君复戎马倥偬，致力前方，教导团全部加入作战，训练工作遂停。是役，徐永昌君仍为左路军总指挥，率领二、三、六、八、十各军，出正太路反攻，五月初开始动作，不日即进占石庄，乃沿平汉路北上，五月中已进至望都，与敌大战于方顺桥，奉军不支，行总退却，保定于五月三十一日遂为左路军所占。初作战时三军本任前线，及保定下后，右路军商震部已先占张家口，向居庸关进发。不久第一集团军亦占沧州，平津已在包围中。奉军见大势所趋，预备退出关外，与阎锡山约和平让交平津。阎乃别以他部任前线，准备接收平津，而以三军分配于一二三四集团混合军中，盖当时奉总司令部命将以混合军担任肃清平奉路也。六月三日，张作霖退出关外，次日竟为日人炸死于皇姑屯。八日，晋军商震、张荫梧部首入北京，而三军复向平奉路进发，担任肃清工作矣！

混合军之组织福右路军，白崇禧为总司令。三军为右翼，沿平奉铁路进；四集团李品仙部为左翼，由平渝大道进；一集团范熙绩部随右翼军袭击。其时奉军以张作霖被炸，几已全数退出关外，独张宗昌、褚玉璞之直鲁联军，遭奉军拒绝，仍盘踞平奉路沿线，誓死抗拒。三军担任最重要之肃清工作，奋勇剿击，八日初发动，连克芦台、开平。时张学良已通电谋和，亦派兵出关，堵截张、褚残部。九月十二日，三军遂进克滦州，张、褚仅以身免，平奉路完全肃清。于是晋军之参加北伐者，商震以河北主席任，张荫梧以北平卫戍司令、傅作义以天津警备司令任，杨爱源为察哈尔主席，李生达为绥远主席，俱相继发表，独三军徘徊于天津军粮城间，徐永昌君以河北省政府委员，常以军饷无着而踟蹰焉！三军官佐士兵无不愤懑甚，惟徐永昌君既宅心忠厚，而赵君等数干部，复以三军固有三军使命，殊不以地盘、衣食计也！

民十七年夏，余将由平南来，与君晤于军粮城总部。破屋数间，君携一单一席，与数军官及士兵杂居，入晚蚊声如雷，隔衣刺人，君并一破帐亦无。余留居月余，因识陈耀山君等数人，盖皆志识超迈而英气内蕴者。时君有鼻膜炎病，颇以为苦，然固不以为意。余等方纵谈将来大势，上起宇宙，下及诗文，无不论列。君兴致勃然，且谓待军事稍定，军部移归保定，将接其兄嫂妻子同居。盖君于三军归晋以前，既不便回里，而三军入晋后，军务鞅掌，益无暇返视，除其兄及子就问数次外，君别其故居已七年矣！七月，余别君归平，买票将行，闻君之兄及子至平将至津看视，余方欢然于君之家室行将团聚也。不意余南来未两月，突接平讯，君竟以病卒于津闻。余闻讯错愕不能出一语，及不知悲痛之何在！夫人寿之修短，宁有定命，死则死耳，特如君之赋性坚强，方抱深长计画，欲大有所为，而中道摧折，一切烟消，岂君之体力真不能符其志，而竟折于暗恶叱咤间耶？

君在三军，素有“三军灵魂”之称，孙岳以下，武则徐永昌，文则君耳。自入晋后，三军官佐士兵，除徐永昌君外，所信仰者唯君。自君之卒，忽忽三年，三军固多志士，新魂必已久著，而余则颓唐如老人，少年壮气蒿莱，久无所闻问。今三军虽尚周旋于各军间，而较赵君在日已不啻天壤，但赵君亡矣！君自任军职，既未一履家门，间有余资，寄助宅用，多不过一二百元，君之家如故！其兄胼手胝足，昔日以教养于君者，今复须教养君之子矣！夫人事无常，但行所素，君固不计其家，不计其身，瘁其精力于三军矣，使三军同志能有所树于国中，君之精神固可以不朽矣！君本名梦周，在军校及入军后，常以“抱吉”名投诗文于各报，君自以为“吉”者为“周”所“抱”，余曾笑谓之曰，“周字实不抱吉”，孰知此语竟作君之谶乎！噫！君卒年仅三十二三！

原载《大夏周报》1935 年第 12 卷第 2 期

十年来之中国外交

一 总 说

近十年来（民国十三年至廿三年）中国的外交，可以说是近百年以来（自鸦片战争起）中国外交史上一个转变时期。自鸦片战争订立《南京条约》起，中国实可以说并无外交，所有的对外交涉，都是在帝国主义者的控制、支配下，完全降伏、屈辱，静受他们提出的命令、条件，绝无外交可言。可是近十年以来就不同了，近十年中，中国居然能和几个帝国主义的国家订立完全平等的条约；或向帝国主义国家提出修改不平等条约的要求，且居然能相当成功；或是有的帝国主义者向中国侵略，中国亦能纵横捭阖，在国际间联络，以谋对抗。这种种现象，都是近百年以来所从未有的，十年来中国的外交，实在是一个昭苏时期。

为什么近十年的外交能够复苏呢？我们推求他的原因，可以说全是近十余年来世界状况或国际关系造成，在这中间，中国人民因受世界影响，所发生的奋斗精神，也是不可埋没的。首先，因为十五年前，欧洲大战停止，中国亦幸能为战胜国之一，且幸而得俄帝国亦于是时崩溃，于是从前俄国、德国对中国的束缚，皆能忽然解除，使中国脱离了一部分桎梏，这不能说不是中国一种意外的获得。其次，又因为欧战后，从前欧洲各国在近东、在中亚、在非洲，所有的冲突问题，不解决而自解决。同时又因美国也开始参加了世界问题，遂使欧战后帝国主义者间冲突的中心，突然移至远东来。中国正当问题的核心，于是因为帝国主义者间的不调和，对中国的意见也就彼此互异，或力事侵夺，或故示友好，中国遂能得到一方表面的援助，以与另一方对抗，如山东问题的解决、《九国公约》的签订等，皆是极有助于中国外交发展的。

另外更有重要的一点，是自俄国革命告成，由其所用口号的影响，使世界革命，或反抗帝国主义的潮流，一时弥漫。中国受此影响，自民国八年后，接连不断发生数次伟大的反抗帝国主义运动，其结果不惟有助于政府，加强了对外交涉的力量，遂能有修改不平等条约的提出等等，而且曾直接收获了无数效果。这种运动，实在是近百年来所从未一见的。

总而言之，自欧战后，国际间的关系，是颇有利于中国发展的，而中国确亦曾利用此时机，为相当的努力。但可惜自“九一八”事变后，中国又受了一种意外的打击。“九一八”的事变，固然更凿深了帝国主义者间的裂痕，但因了世界上其他同样复杂的政治的、经济的关系，使帝国主义者间的冲突虽愈深，而又不得不尽力弥缝，以相安于一时。其结果使本来有利于中国的国际关系，而自“九一八”事变后，反因远东局势的过于恶化，使向来和日本站在对立地位的国家，如俄，如美，亦不得不因了自己的困难，而暂时观望。于是中国复堕入苦境中，无论诉于国联，诉于美，或期待俄国，皆不得要领，中国遂不得不静受日本的压迫。虽目前此种局势尚有所酝酿，不久定必发展，但发展的结果，又岂是可以预言的么？假使真个如近日的传说，日、英有密约可能，日、俄有妥协希望，甚而至于日、美亦可和解，那中国的危险，真是不可言状！又假若是对立的双方都决裂了，成败之数未可定，即使胜利者属于有利中国的一方，但是中国真能有利么？

所以自“九一八”以来，中国的外交复堕入近百年来的通常状态中，只有静受人支配。最近期间中国若不能有新的努力，新辟途径，则十年来的良好景象，势必如昙花一现，无复再见希望了。

兹略述近十年来外交事变于后，以为我们“鉴往知来”观察上之一助。

二　近十年外交之引子

（一）华府会议——近十年中外交局势，稍有开张，其中一部分，为因帝国主义者弥缝冲突而结成的华盛顿会议所引起。原在巴黎会议，美国既因种种不满，而未批准和约，其中山东问题，亦为其借口之一。民国十年十一月，美总统哈定，遂召集有关系各国，开会于华盛顿。关于中国问题，订定所谓《九国公约》。《九国公约》及附约等件内容大要如次：

（1）尊重中国独立主权，各国放弃从前所划定的势力范围等项。

（2）重申“门户开放”及“机会均等”政策。

（3）中国关税应确按值百抽五征收，并召集特别会议，设法裁撤厘金，以便增抽附加税。

（4）各国在华领事裁判权，经各国派员至中国调查司法情形后，再定取消。

（5）各国在华所设邮政及电信机关，准予取消。

（6）各国在华租借地，法国允退还广州湾，英、日允退还威海卫及胶州湾，其他不允。

（7）关于中日二十一条约，日本只声明放弃原先保留之第五号各条。

（8）关于山东问题，日本先退还中国，由中国备假赎回胶济路。

根据以上条约、议决案或宣言书等，中国所得到的结果，是正式脱去势力范围或其他密约的羁绊，并撤废客邮及无线电机关和解决了山东问题，至于其他各点，皆开了以后继续交涉的端绪。

（二）中俄新协定——十年来外交史上新现象的造成，另一个机会，为由几个帝国崩溃的结果。欧洲大战既使德、奥帝国同时崩溃，德国因受其他国家的压迫，为谋打开中国市场起见，故与中国订立完全平等的条约，于民国十年七月成立（对奥新约亦于次年三月订立），实为百年来外交史上一新纪元。

同时俄国自革命后，亦颇与德国有同样情形，中国早已将中东路管理权及俄国租界及领事裁判权收回（民国九年九月十日），其时俄国（远东共和国）已派代表优林来华，要求订立平等通商新约，未成。十一年九月，俄国复派代表越飞前来，亦以交还外蒙问题中挫。直至十二年一月，俄国始再派加拉罕来北京，我国亦派定王正廷督办交涉事宜，至十三年三月已议定解决中俄悬案草约，惟以数点未妥，致未成功，王正廷旋亦辞职，另由外交总长顾维钧与加拉罕秘密接洽，至五月三十一日突然成立中俄解决悬案大纲协定十四条及暂行管理中东路协定十条，其大要如左：

（1）前俄帝国与中国或与他国所订关于中国之一切不平等条约，概行取消。

（2）苏俄承认外蒙为中国领土，所有驻扎外蒙之俄国军队，尽数撤退。

（3）中东铁路全为营业性质，除营业事务外，其他沿路一切主权，皆归还中国。

（4）凡庚子赔款、租界、领事裁判权、协定关税等特权，皆行取消。

自此协定成立，两国国交恢复，且于是年六月十三日，由苏俄提议，两国互派大使。关于此点，俄国虽自有用意（为在北京外交团占据首席资格），但百年来各国皆以二三等国视中国，外交代表只及公使级，今一旦提高，互升为大使，虽不见其将中国国家地位即由此提高，然亦不能谓非外交史上一新气象。

（三）群众运动——十年来外交局势的稍有开张，得力于国际关系的转变，固为一种原因，而十余年来群众运动的蓬勃发展，赤手空拳以与帝国主义者直接肉搏，实为近十余年外交的主要特色。原群众运动的发生，开始于"五四运动"，自后每年必续有发生，其初因巴黎和会的失败，运动目标皆集矢于日本，自民国八年起，全国皆以"抵制日货"为武器，其后政府受日本压迫，下令禁止，然此种事件仍继续不已，如八年十一月因福州学生焚禁日货的闽案及十二年湖南的"六一惨案"皆是。此种运动至十四年的"五卅惨案"，乃大行扩大，由单独对日，一变而为对一般的帝国主义者，且由经济的抔葛运动，一变而为政治的、军事的实际斗争，自十四年后历十五年至十六年而达顶点，但自十八年以来以迄现在，群众运动虽亦间有发生，但声气与影响已小的多了。

群众运动最盛的数年中，所发生的较大事件如下：

（1）十四年的"五卅惨案"。起于上海日纱厂职员枪杀工人顾正红，学生向市民讲演，又为工部局捕去，致起冲突，英人捕头令印捕开枪杀死多人，遂激起全市工厂商店的大罢市。

（2）汉口的"六一一"案。自"五卅惨案"起，全国民众大愤，皆起声援，适六月十日汉口英商太古轮船公司职员殴伤工人，致码头工人全体罢工，十一日英国军舰开来示威，群众聚观，英兵竟开枪射击，致又死伤多人。

（3）沙基惨案。沪、汉案既相继起，全国更愤，广州民众于六月二十三日开追悼会，议决要求政府向各国交涉，取消不平等条约，并游行示威，行至沙基，英、法军队竟开枪向群众射击，且继以大炮，致死伤至二百余人。

(4)省港罢工。当“沙基惨案”发生之前,广州与香港工人已于六月十九日联合大罢工,以与英帝国主义者对抗,及“沙基惨案”生,更形愤激,除坚决罢工外,复厉行对香港经济绝交。此项大罢工直维持至十五年八月始结束。

(5)十五年之“三一八”惨案。此案虽为对内,然由对外而起。因当时冯玉祥所领之国民军,方与奉系军队激战于天津附近,奉系张宗昌军以海军进攻大沽口,国民军以水雷封锁海口,引起签订《辛丑条约》之八国公使抗议,勒令限期停止军事行动,北京市民闻讯大愤,三月十八日群集执政府请愿,要求严厉答复,不料执政府卫队竟开枪向群众射击,死伤亦多至几二百人。

(6)万县惨案。十五年正当北伐期间,打倒军阀、打倒帝国主义空气,本极弥漫,英帝国主义者尤感恐慌,都到处示威。是年八月间,有英国军舰开抵四川万县,无端撞沉四川兵船,损失甚巨,英船遂为川军总司令杨森扣留。乃英人不顾是非,竟从沪、汉调来大批军舰,欲行压迫。川民大愤,力为抗英运动,英军遂于九月五日径向驻扎万县兵士及民众进攻,死伤殆不可数计。

(7)十六年汉口夺取英租界案。英人既如此蛮横,适十五年十月革命军攻下武昌,国民政府议决移都武汉,十六年一月三日,汉口民众方举行庆祝会,并游行讲演,行至英租界附近,英兵无端阻止,继以发炮射击,死伤多人。群众大愤,要求政府立向英人交涉。政府见事态严重,乃向驻汉英领事严重抗议,并为防止事态扩大起见,派兵入英租界施行职权。英人知势不敌,乃自动退让。

(8)九江夺取租界运动。汉案发生后,其他有英租界各埠,皆发生示威运动,其中九江民众于一月六日召开市民大会,声援汉口,适有英水兵枪杀码头工人二人,于是群众大愤,直冲入英租界占领之,驻扎九江英舰虽开炮示威，然系空炮，未敢再酿大变。

(9)宁案。是年三月二十四日，革命军克复南京，南京民众亦如汉、浔两地，对驻宁各帝国主义者示威，略伤英、美、法、意、日侨民财产，英、美军舰遂直向南京炮击，损害甚多。

(10)十六年汉口对日惨案。十五六年中，群众运动目标，虽多集中于英帝国主义者，然日本之恐慌尤甚，时时戒备，而故为蛮横举动。是年四月三日，在汉口日水兵无端凌辱工人，工人与之理论，日水兵竟全部登岸，开枪击杀工人、民众数十人。此案尚未了，乃至九月二十一日，有日轮沅江丸开赴长沙，有我国兵士数人欲搭船至湘，竟为日人所拒，稍起冲突，时武汉卫戍司令李品仙闻讯，派兵前往弹压，乃日兵竟开枪射击，我兵士亦不得不还击，双方互有死伤。

以上十四、十五、十六年中所发生各案，皆群众运动中之荦荦大者，其他各地反抗帝国主义团体，游行示威，或较小冲突，几乎无处无之，举不胜举。此种群众运动，自国民政府统一后，与各国进行修改不平等条约，十七年后即逐渐和缓，然自“济南惨案”发生，及最近“九一八”“一二八”事件以后，各地抗日运动，仍层见叠出。此种运动所发生之交涉事件，或有结果，或无结果，或迄今尚未解决，虽表面效果不一，但为一种真正民众力量表现，影响于外交上极大，十年来外交上稍有成就，此种运动，实应视为主要原因。

三　十年来外交成绩总述

近十年来，既承国际间自然转变的机会，复有伟大的民众力量作后盾，所以外交上的收获，亦颇可观，兹试列举其已有成效者如后。

(一)关税自主的实现。关税问题，自在华盛顿会议中列国议定召开特别会议，为中国裁厘加税，此项特别会议，经过种种波折，至十四年十月，由段祺瑞的执政政府主持下，总算开成。当时参加的为美、英、法、意、日、比、荷、葡、西、瑞、挪、丹十二国，会开后逐渐议定两点：

（1）各国承认中国关税可以自主，由中国自行制定税则，于一九二九年（民国十八年）一月一日实行；

（2）中国政府应确实裁撤厘金，亦应于民国十八年一月一日实行。

议定此两点后，还有关于附加税及其他问题，皆未有结果，延至十五年四月段政府解散，此关税会议遂亦停止。此后虽有提议再开，然国民政府甚行反对，且自此以后，国民革命军北伐，军事方急，此问题自然搁置。及十六年初国民政府已迁都武汉，其时外长陈友仁曾宣告废除一切不平等条约，自然包括关税自主，然未实行。及十六年七月间，革命军已克复河南，方进攻河北、山东，国民政府即决定先就苏、皖、浙、闽、粤、桂六省先行关税自主，定于是年九月一日实行，并制定《国定进口关税暂行条例》，于七月二十日公布，预备届期施行。其时日本曾声言反对，方筹备间，适北伐军发生顿挫，此事又暂行搁置。延至十七年七月，其时国民政府外交部长伍朝枢、黄郛、王正廷已历次发表修改不平等条约宣言，当时各国条约满期者，已有日、法、丹、西、（荷）兰、比、意七国（法只越南通商专约期满），本应修改，独日本坚持不废旧约，各国遂亦观望不前。时美国条约虽未满期，但以华府条约精神，独愿与中国订立关税新约，并于是年七月二十五日订结此项新约，大要谓从前所订限制中国关税条文概行废止，而适用国家关税完全自主原则。此约订后，百年来束缚中国之协定关税已有一国废除，于是他国亦相继而起，计由十七年八月至十二月，先后又与各国所订关税自主新约，有德、挪、比、意、丹、荷、葡、英、瑞、法、西等十一国，独日本不允，然已无能为力。

于是国民政府根据此项新约，宣布于十八年一月一日实行关税自主，开始施行国定税则，惟后以一月一日筹备不及，改期于二月一日实行，同时亦宣布裁撤厘金。此后日本亦不得不见风转舵，经十八年一年若断若续之开议，至十九年五月乃订立允许中国关税自主之新约。至此，多年力争的关税自主，始完全成功。十九年十二月二十九日，国民政府复公布海关新税则，于二十年二月一日实行。

（二）领事裁判权部分的收回。关于撤废领事裁判权，自华府会议决定各国派员来华调查后，亦经种种波折，至十五年一月，调查团始在北京开会，即进行调查司法情形，于是年十一月完毕，各国代表认为中国司法制度种种不良，未便撤消领事裁判权，致毫无结果。及后国民革命军北伐完成，国民政府既屡次宣言废除或修改一切不平等条约，至十七年七月间，既有日、法、比、意、丹、葡、西等七国条约满期，除日本外，其余皆应允修改。至是年十一二月间，比、意、丹、葡、西五国新约先后订立，关于领事裁判权一项即行废除，惟比约中又订明，须现有领判权国家半数以上承认放弃此项特权时，比国始一并放弃。意、葡、西、丹约中又订明须俟《九国公约》签字各国都放弃时，始一并放弃。此外，其他各国如日本、瑞典、秘鲁，旧约本已满期，英、美、法、荷、挪、巴西六国约虽未满，但在十九年、二十年皆极力进行交涉，本都已有相当成效，可惜自"九一八"事变以来，情势又变了。现在有约国家而全无领事裁判权的，只俄、德、奥、墨、芬兰、波兰、智利、波斯、希腊、捷克及波利维亚等十一国，其余实际皆已悬搁起来了。

领事裁判权虽未全部收回，但有一比较满意事，即上海的外人法院，已行收回。上海法权，本根据清同治七年所订之《洋泾浜章程》，设立所谓会审公堂管理，但其后外人权力屡次扩张，民国以来实际已非会审，乃完全由外人管理。当"五卅惨案"后，市民即以收回会审公堂为要求条件之一。但“五卅惨案”交涉根本无结果，关于此点，当时使团代表只允可由上海领事团与江苏省政府商议解决，其结果至十六年一月一日签订一种收回会审公堂暂行章程，于公共租界改设临时法院，其内容实仍保有外人权力大部分。但该章程有效期间为三年，应至十八年底满期，于是于十八年十月复与各国商议改订，结果至十九年二月订立新协定，改称为“特区法院”。此项新协定有效期本亦三年，至二十一年本应满期，惟以国难事繁，尚未暇续订，旧约尚继续有效。

公共租界法权既收回，同时法租界会审公堂，亦于二十年六月由外部派人与法领事交涉，同样收回。

（三）租界及租界地亦收回一些。关于收回租界地问题，在华府会议时，英、法既都允交还威海卫及广州湾，会后我国即进行交涉收回，但法国迄无明确表示，只英国于十一年十月间派代表来华，当时北京政府即派定梁如浩督办交涉接收事宜，会议至十二年五月，订定草约二十四条、附件四条，因各界不满意，表示反对，梁如浩去职未成。至十三年六月，始再由外交总长顾维钧与英使重开谈判，复改订草约二十九条，已将签字，适北京政府发生政变，亦行中止。

自此以后，国内多事，租界交涉未再提起，中间只民国十五、十六年间因比国条约期满，北京政府有向比国提议修约一事，比国未允，然亦未提及收回租界事。及十六年初，汉口“一三”事件发生，英租界改由国民政府管理，比公使知大势所趋，乃于是年一月自访北京外交总长顾维钧，声明愿行修约，且愿交还天津比国租界，于是双方组织委员会，即进行商酌，然北伐军事进展，北京政府政事停顿，久久无结果。

惟汉口英租界自收回后复于二月十九日订立协定，改设特别区，设董事会管理。不久九江英租界亦夺回，于三月十五日正式接收。是时革命军已克复江浙，三月二十四日抵镇江，当地英领表示愿自动将租界交还，至五月二十日，英领事亦撤消。另外，厦门英租界，至十九年九月间，英国亦自动交还中国，如镇江办法。

至此，英国租界既有数处收回，前议交还天津租界之比国，当然由国民政府续议，结果至十八年八月签订协定，至二十一年一月十五日正式接收。

至威海卫的交还问题，亦由国民政府于十八年六月起与英方继续交涉，十九年二月议定接收条约二十条，至是年十月一日实行接收。

除此以外，天津英租界、天津意租界及法之广州湾租借地，皆曾有收回之议，然不久国难发生，百事停顿了。

以上各项，皆包括国民政府统一以来所修改不平等条约之成绩，与关系各国皆订有新约。此种新约之订立，以在民国十七年为最多，十八年、十九年次之，计前后订立者为美、德、挪、比、意、丹、荷、葡、英、瑞、法、西、波兰、希腊、捷克及日本等十六国。

四　十年来其他外交事件述略

近十年中除国民政府统一以来努力于修约运动所获之成绩外，其他外交事件，当然尚甚多，其中快意的或不快意的都有，兹择较大的数件，略述于后。

（一）金佛郎案。当民十四年间，北京政府正办理华府议决案期间，另外办理了一件不快意的案件，即金佛郎案。其事起于我国付还各国庚子赔款，按原约订明，以海关银折成金币付给，付给方法，据光绪三十一年订明，用电汇办法，自后即由关银合成金币，分付各国。惟所谓“金币”，只系各国通用货币，并无纸币或现金币之分。不料至欧战后，法国佛郎大跌，金币与纸币价格差额过大，遂使付给时应换纸币或是现金币，在用佛郎各国顿生问题。民国十一年六月，法国即连合比、意、西三国，要求中国以现金币付给，但按理纸币亦代表金币，不应有所分别，若必买现金，于我国损失甚大，故未允。于是法国即施行强迫手段，与外交团商定，扣留应拨我国关余、盐余，以为要挟补偿。至十三年执政政府成立时，前后已扣去一千六百余万元。当时执政府欲提用此款，遂于十四年四月命外交总长沈瑞麟与法公使商定，改以美金换算付给，因美金未跌价，于法国无损。然而如此一来，我国于无形中损失八千余万元，国人虽反对，亦无效果。

（二）中俄绝交与中东路事件。自民国十三年中俄新协定成立国交恢复后，历十五年、十六年，中俄邦交甚为亲善，及十六年夏，因北京当局认俄大使馆有在中国宣传赤化嫌疑，加以搜查，俄政府认为无理，即召回其驻华代表，以示抗议。同年十二月，广州亦因共产党事件，国民政府亦疑俄领馆有指使嫌疑，遂于是月十二日正式下令撤消各地俄领馆之承认。至此，中国与俄国国交，实际已全行断绝。及十七年五月间，东省当局复发现哈尔滨俄领馆有召集共产党开会谋危害中国事情，即拘捕共产党员，并以中东路俄职员皆与有关，乃于七月十二日由中东路督办吕荣寰将俄职员全体免职，该路全由中国收回。俄政府抗议无效，遂正式宣告绝交，亦搜查我国在俄领馆，并拘捕华侨，且派兵分别进攻绥芬河及满洲里。东省当局派兵抗拒，相与发生战争，延长至十一月，札兰诺尔及满洲里等处相继失陷，将官韩光第、林选青等皆阵亡。国民政府为免战事扩大计，乃令张学良相机交涉，十二月间遂由代表蔡运陞与俄方开所谓伯力会议，曾议定条约数条，我方几完全屈伏，国内舆论皆不承认，遂由国民政府于十九年二月改派中东路督办莫德惠为全权代表，赴俄交涉。莫德惠至俄，中俄会议屡开，久无结果，直至“九一八”后，中俄同感日本压迫，乃再进行复交。

（三）济南惨案及解决。十七年国民革命军北伐已紧张时，除因中东路中俄发生战争外，另又有“济南惨案”。因自北伐军事进展以来，北方军阀类多恐慌，山东张宗昌竟与日方勾结，由日方以保侨为名，出兵山东，分据胶济路沿线，实将抗拒革命军。十七年五月一日，革命军占领济南，至三日，日军竟故意寻衅，开枪击死革命军士，继又大队包围，实行攻击，又攻入外交公署，将交涉员蔡公时惨杀，并在济南城内外任意焚掠。其时革命军因北伐方亟，一概置之不理，任彼占据济南，而迂道北上，以完成革命军事。及统一告成，乃由外交部长王正廷与日方交涉此案，经过数度谈判，至十八年二月，始议定解决济案细目大纲，旋又停顿，至三月二十三日始再决定。其结果只日方承认将日军撤退，至于中国人民生命财产损失，日方一概不理，政府为息事宁人起见，亦只好听之。

（四）退还庚子赔款交涉。此亦为近十余年中外交上比较快意的事。庚子赔款原系各国一种不正当的收获，虽名为赔款，而与当时各国实际上的损失相差甚远，所以各国皆常有退意见，如美国于光绪三十四年间即已自动愿退还一半与中国，当时清政府亦感其好意，即用其款创立清华大学，为沟通中美文化之用。自后各国亦多有欲仿效。及欧战后，德、奥战败，与中国重订新约时，即将庚款全部取消。民国十一年，即华盛顿会议后，英国亦自动愿仿效美国，将一九二二年十二月二日以后中国应付英国庚款，全部放弃，移办中英双方互有利益之事业。英国并为表示决心计，自该时起即将应得庚款，储存上海汇业银行，不再汇往英国。但当时中国国内不靖，未能即行商定解决办法。同时法国亦于是年二月议定，将庚款移作整理中法实业银行及沟通两国文化之用。次年，即民国十三年，中俄新协定成立，俄国庚款亦正式取消。同时美国亦进一步愿将所余一半庚款一并放弃，归中美文化基金董事会支配用途。及十四年、十六年间，比国亦声明将该国庚款放弃，移办中比文化事业。至此，应得庚款各国，已有七国或全取消，或与中国商定用途，其中只英国办法未定。及十七年，国民政府外交部长王正廷，始与英国续议此事，至十九年九月，关于管理机关及用途等项，已全部议定，英国庚款亦正式退还。于是日本、意大利、荷兰等国，亦相继兴起，先后由外交部接洽，悉改作促进双方文化及投资生产事业用途。

（五）国际公约的参加。由十七年到十九年，另外又参加若干国际公约，如《邮政协约》《最低工资协约》及《国籍法协约》等，其中较有关系的为《非战公约》的参加。《非战公约》为民十六六月间法外长白里安向美国提议签订友好条约，美国务卿开洛即进一步提议，欲推广其意，使成为普通世界各国的友好公约，此意旋为英国所赞同。十七年八月，参加各国遂在巴黎签字，计有十六国。签订后复由十六国向未签订各国征求同意，我国亦在要请之列。旋由中央政治会议议决加入，并派驻美公使施肇基就近代表签字。

（六）国际会议的参加。十余年来举行之国际会议极多，我国亦多参加其较重要的，如国际劳工会议、国际法典编纂会议、国际航空会议、世界动力会议、国际商业会议、国际统计会议等甚多，而最重要的为国际军缩会议及世界经济会议的参加。

国际裁减军备问题，本为国际联盟成立以来重要工作之一，当民国十四年间（一九二五年），国联即成立一军缩预备会，为筹开世界军缩大会之准备。此种预备会至民国十九年间共已开会七次，虽了无结果，然亦决定于一九三二年（民国二十一年）正式召集世界军缩大会。中间又经过许多时折，届期总算开成，于二月二日在日内瓦开幕。参加的共六十四国，以英工党领袖汉得森为主席。我国派有颜惠庆为正代表，黄慕松为副代表，及专员胡世泽、夏晋麟、姚锡九、王鹗、陆德元等，前往出席。其时正“一二八”上海被日本侵略时，颜代表曾动议请各国代表静听炮声。此会经过数月纷议，至七月，曾通一种决议案，主张裁减现有军备三分之一及允禁天空轰击及化学战争等。此种敷演议案，我国代表未与投票，此议案决后即无期延会。

世界经济会议，因自一九二九年以来经济恐慌，年甚一年，各国困顿不堪，欧美各国首欲解决其赔款、战债问题，于一九三二年之洛桑会议后，复决定为世界财政经济普遍之会商，即决议召集世界经济会议。及二十二年四月（一九三三年），美总统罗斯福复召集有重要关系之十一国，中国亦在内，于华盛顿开预备会议，分别筹商。至六月十二日，世界经济会议遂在伦敦正式开会，我国派有行政院副院长宋子文及顾维钧、颜惠庆、郭泰祺等共同出席。会议结果，除中、美、印度等于会外成立一《九国白银协定》外，其他一无所获，至七月二十七日宣告延会。

除以上所述数事外，在“九一八”以前，尚有对美、英、法、意、日宁案的解决，电信交涉海外华侨事件及各地方交涉事件等，举不胜举，兹从略。

五　“九一八”以来的外交

自国民政府统一以来，方在照预定计画按部就班，与各国分别打开难关，向平等自主方面进行交涉。此种交涉，历十六、十七、十八、十九各年间，已逐步生效，其有未完成各端，方冀继续努力，以终解脱百年来外交上之桎梏。不料至二十年九月十八日，日本突然攻袭辽宁，占据东三省，国际情势既为之一变，国内感受如此重大压迫，悲愤欲绝，自不遑顾及其他事件。所以“九一八”以前各种未完交涉,悉待继续进行者,皆无形停顿。故"九一八"事变,日本尚不仅仅占据中国数省土地,其于无形中阻碍中国发展,灭杀中国国际地位,所受损失尤为无量大。

自"九一八"以来,日本对中国逐步压迫,毫无所谓外交可言,如侵略三省时的数次抗议,扰乱天津时的请求停战,夺取锦州前的中立区交海,上海战事后的停战协定,日本承认伪国后的抗议,以及最近扰乱华北中的塘沽协定等,谓之交涉可,谓之屈伏亦可,皆非吾人所谓之外交。自"九一八"以来,中国外交实全着重于联络国联或其他国家,以应付日本方面。

关于国联,自事变后,经我国数度痛切申诉,国联为维持其地位,亦曾屡次决议,或令日本停止军事行动,或令日本退兵,然言者谆谆,听者藐藐,日本侵略范围反愈形扩大。及二十年十月,国联又决议组织调查团,至东省实地调查,以明真象。但该调查团调查结果,虽不直日本所为,而仅建议从速设法解决中日间之一切纠纷,并设立一国际性质之机关,以管理东三省。此种建议固已与中国希望相远,而日本尚表示反对,国联于收到该报告书后,准备据其原则调解,惟以不承认伪组织一点,为日本所不满,至二十二年三月竟宣告退出国联,国联再无其他方法。

对于其他国家,如英、美、德、法,我国皆曾特别表示好感,以相联络。惟与俄再复交一事,尤为显明。自中东路问题中俄间酿成战争,及后虽开中俄会议,然亦久久不得要领,值"九一八"事变发生后,中俄观念均一变,皆愿立即复交。二十一年六月,国民政府即将中俄复交事件正式决定,并电达中俄会议代表莫德惠即时进行,然无甚进展。是年十二月,我军缩会议代表颜惠庆,乃在日内瓦与俄外长李维诺夫秘密交涉,终于实现,于是月十二日互换文件,旋即由政府批准,中俄国交遂又恢复。

自是以来，我国与各国间皆保持圆满友好关系，近今与美与意关系尤密，各国亦感于日本之过度发展，有所忧虑，方时时在筹商应付。何日能去此强敌，恢复我正常外交途径，以日趋于平等自主，是在我全国上下之努力。

原载《大夏》1934 年第 1 卷第 5 号

今年中日关系的好转

照目前的情形看，人类社会颇有逐渐转到威尔士所谓“合理途径”的可能。至少在战争方面，将渐脱离原始时代的蛮征，报复的、私仇的拚命，似乎要消灭，而将代以理智的主义的斗争，虽然还是战争，但岂不是较合理的战争么？最近我们数次看到德元首希特勒极有趣而极可注意的谈话，他对德、法的世仇，酿成欧战，酿成战后德国多少困难的世仇，他倒认为没有什么，终可和解，终有消除之一日，只是要订立“东欧多边公约”，迫他和奉行共产主义的这样一个国家苏俄合作，那是绝对办不到，尚不如迫他自缢的好。希特勒这种精神，的确是可佩服的。不差，希特勒说共产主义是人类的公敌，但同时苏俄实也认定希特勒主义是人类的公敌，希特勒能放弃自己国家的私仇，准备和人类的公敌苏俄斗争，而苏俄也不惜放弃了自己国家的利益，和日本周旋，出卖了中东路，还预备出卖库页岛，以便集中全力对付人类的公敌希特勒。他们都能这样捐除一国家的只是私仇的宿恨，而各秉一种自认为正义的，和各认为公敌的对方决斗，胜利的结果，自不是归于一国家，必将为人类公共决定了幸福的前途，这还不是“合理途径”么？

这样一种趋势，笼罩了现在。世界国家的全部，无论那一国家里边，他们真正的敌人，已经不是在国外另一国，而是他们自己内部的反对势力，或莫索利尼、希特勒的党徒。这种潜伏的合理斗争，使得现在国家无不感受十分隐忧，使多少次的对外战争，都爆发不出来。几年来，我们往往以帝国主义者自身矛盾的高低，测度战争的远近，但这个表尺不是显然失效了么？英美，美日，俄日，法意，都不是曾经喧腾过一时，而今都已逐渐消沉了么？国际间的暗潮，已经不是某某几个帝国主义者，而是另外两种主义。将来的战争，恐不是如放焰火的一样，集拢到一个地方，让人聚观，恐怕是上元佳节，万家灯火，到处都有热闹好看了。

在这种暗潮进展之下，同样支配了中日间的关系。自从“九一八”以来，中国固然是一切忍痛，但日本原是要得寸进尺，然而事实上不是只进了四寸，便也忍饥节欲了么？他的困难是外的矛盾和内的矛盾，都使他不能不有所顾虑，到了今年，竟有中日亲善的论调实现化起来。

中日关系的好转，发动于本年一月二十二日日外相广田弘毅在其议会的外交演说，他以为中国政局已更平静，中国民众对日本真意亦更有谅解倾向，故当益促进该项倾向，以实现日本所抱和睦亲善的目的。同时日工商界亦极力鼓吹中日经济合作，以表露广田外交的幕后动力。于是日本公使有吉明，承受此项策动，偕其二重外交的那一重驻华武官铃木中将，于一月廿九日到京访谒汪院长及蒋委员长，对中国为具体的提议。因为此项访问，当时曾有极恶劣的风传，谓挟有某种重大要求。后来虽知并不如所传之甚，不过双方确曾为露骨的剖解，谈话空气紧张确是有的。中国方面意旨，亦可于二月十四日蒋委员长对日记者的谈话看出来，大意谓中日因有提携必要，不过须从“改善两国间之现状，并恢复其正常关系做起”，广田外相之演说，至少可认为中日关系好转之起点，不过以后应以事实证明其演说云云。

因此中日关系好转的机轮，渐渐转动起来。二月六日，日关东军驻沈特务机关长土肥原，公开的来中国游历。其人在“九一八”前后所做的工作，是使吾人永不能忘记的。自“九一八”后，他每年要到平一次，为了和中国关系的欠佳，不敢公开出面。这次却是大摇大摆的来了，由天津、北平、济南、上海、南京、广东、广西，到处都受中国官廷的招待，因此我们知道中日关系确是好转了。

二月十三日，日外务省所决定的中日经济提携方针，亦公开的发表出来，大意是极力调整中日经济关系，彻底取缔中国排日货运动，然后援助中国农业技术的改良，交换中日商品，并有在上海设立特殊银行，以二万万元解决中国财界目前困难的计划。大约系我国方面渐渐明了日本所谓亲善政策的具体方案后，还有王宠惠博士访日之行。

王宠惠于去年秋间归国以来，曾极力调停于粤方的合作问题，至是以赴海牙国际法建任所之便，特取道日本，对中日提携问题，似为非正式的进一步磋商。于二月十九日到东京，次日即行会见日广田外相。此次会见，中日报纸皆谓与中日亲善谈判有关。不过据会见后发表的谈话，谓只据极广大之根据泛论一切，并未涉及具体问题。日外相亦谓只对王博士解释彼在议会之演说及说明所定之对华新政策。所说内容究属如何，无从知悉。此后复历访日本朝野要人，日本官方亦数为优渥之招待。二十六日，复与广田及外次重光葵，讨论增进中日邦交的具体计划。为了此种会见，引起欧美各国的极大注意，伦敦报纸传说，日本拟与中国以财政上确实的援助，而要求中国退出国联，并与国联断绝种种合作等。此项传闻日外务省曾数次声明其不确，而英美人士有因此主张召集《九国公约》签字各国对抗日本的，有主张英美为更进一步提携的。就事实上论，英美政府确曾一度磋商联合贷款于中国的问题。在英美，相信中日官员此次会晤，确有订立某种特殊协定之拟议，其内容的为中日政治、经济同盟，而排斥欧美于中国范围之外，以故英美有根据《九国公约》精神，切实干预之必要。而日本方面亦声言反对列强干预中日复交谈判。就此种情形观察，王宠惠到日本后，双方必有一种方案为讨论根据，然非为一般纠纷觅取解决途径，而仍为向来故套，经济援助问题，或系由此入手，而为解决其他问题起点。如此非惟英美在利益均沾观念下所不愿闻，即就结果论，其对中国影响将如何，实令人忧虑。

非经一度波浪后，三月五日，王宠惠离日赴美，在行前发表宣言，谓在日此次谈话，并非全无效果，广田亦已表示，愿依守不侵略、不威胁之根据，进行对华和平政策，今后中日关系确已有光明转机云云。

自此以后，好转空气，仍日散播，非表现于外的甚微，关于中日经济提携一层，亦未再见进展，只于最近（五月十七日）将中日使馆同时升格为大使，而英美与日本亦步亦趋，亦有在最近提升使节的拟议云。

五月十八日

原载《大夏》1935 年第 2 卷

收复失地之史的观察

东北四省土地丧失后，到现在已快要满六周年了，这六年以来，在最初时我们总以为失地的马上收回是不成问题的，因为在"九一八"事变的当时，有权威的英国公使蓝浦森即说过："不要紧！这又是山东第二！"那末照山东看，也不过被占了一年，现在多一点，两年、三年，也应当收回，但谁料到有权威的话也不灵。现在已五年、六年了，还绝无收回的希望！而且不但没有收回的希望，且有进一步丧失更广大领土的危险！这样，那失地是不是能收回来呢？或究竟什么时候才能收回来呢？我常常想，但终答不出来。最后我就到历史上看，这当然有点过于无聊，因为历史上的事实绝没有相同的，历史上失地的收回或收不回，决不能就说现在的失地也能收回或收不回，不过我们研究历史，是要寻历史规律的，历史上的事实虽不能用到现在，但就历史事实寻出来的规律，未尝不可用以观察现在。所以就把这个问题拿到历史上去看，也不能说绝无用处。

等到我从历史上看了一过，不禁使我吃一大惊，因为历史上的失地从来没有收回来过。历史上有些时期，和外族争持的几处地方，或失或得，倒是有的，但若一丧失了大宗土地，即从不能收回，要收回，除非是失地自己起来统一。这是很使我失望的一个结论。

我们知道，历史上丧失土地最多的两个时期，是东晋和南宋，这两代都把淮河以北全部丧失了，一直没有收回，最后还都被从失地那方面来的人把他们灭掉。在这两代，也时时有人喊叫要收复失地，也把失地那方面的国家叫做僭伪，但一切都是徒然，喊叫的只空喊叫一场，甚至到后来连喊叫的人也没有，而僭伪的方面往往产出正统。东晋的悲剧固已可怕，而南宋的悲剧尤其可怕，中国的国家没有灭亡过，只有南宋才把整个的国家、民族都灭亡了。但东晋和南宋的人士都不是想灭亡的，而且都以收复失地为口号，为什么失地总收不回，而且终不免灭亡掉呢？这是我打算研究的一个规律。

东晋和南宋的失地为什么收不回，而且终不免灭亡掉呢？假如我们去细细一研究，将会知道那时的失地并不是收不回，而是那时的统治阶级根本就不愿意做这种收回失地的事。他们的所以不愿意收回，有两种原因：其一，是在他们的利益观点上，根本就不必要收复失地，他们统治着一块区域，只要足够满足或维持他们阶级的需要时，那失地是多余的，绝不会牺牲巨额的代价去收复他；其二，即使在满足阶级的需要上也有收复的必要，他们又怕因此发生了意外的危险，以至摇动了他们本身的利益，所以宁可屈辱点，仍以不收复为足。在这两种意识状态之下，所以失地是永远收不回来的。我们试把东晋和南宋的事实一看，即可明了这话的不误。

当东晋时，掌握统治权的，还不是皇帝，而是一些士族或世族，也就是贵族家族。这些贵族家族不仅是东晋有，即北朝也有，全国合计起来也不过是二十余个。他们各自领有广大的土地和极多的佃客、门生等，在政治上分别掌握各种权力，事实上不管是晋、宋、齐、梁、陈的君主也好，或匈奴、鲜卑、氐、羌的君主也好，对于他们都不能干涉，他们永远可以维持其统治权。在这样的政权之下，土地是否为外族所据，于他们当然无关，所以东晋时北方虽全失陷，而其士大夫仍是执麈清谈，饮酒下棋，若无其事，因为东南地域虽小，而对王、谢、袁、萧、周、张、顾、陆几家士族的生活，已满够维持，又何必北方呢？

那时固然也有许多"慨然以收复中原为志"的，可是其间除阀阅较低的祖逖、陶侃等一二人外，其他庾亮、庾翼、殷浩、桓温、刘裕之徒，都是些大贵族、大军阀，各以扩张自己势力为真正目的，并不是真以全民族利益着想，所以其结果或遭其他贵族所忌，加以牵掣，致不能成，或竟居然有成功可能，而他的势力却已发展完成，宁愿归而谋最高位置，亦不肯将失地收回。桓温和刘裕都是好例。桓温的目的是"欲先立功河朔，还受九锡"，可惜他没有做到，而刘裕却做到了。刘裕灭后蜀，灭南燕，灭后秦，兵力已发展到陕西，拓跋氏已来降附了，而他却戛然而止，急归篡位，致将收复的失地又全丧失。照刘裕的情形来看，你想失地还有收复的希望么？

至于宋代的情形，那就更坏。宋代的君主有"家法"，他们是对外受任何牺牲都可以，只不愿国内有异己的势力存在。即如宋初承五代后，燕云十六州已丧失于契丹，宋太祖时本有收复的可能，但他和宰相赵普商量的结果，终以顾虑"孰能守之"而罢。他们的意见即以为纵然收回，必须派大将驻守，结果必养成大军阀，无法统治，甚至也会产生"黄袍加身"的现象，倒不如爽性放弃，不必收回，反无内患。宋太祖不只是对燕云十六州是如此，其放弃安南，放弃后理，都是一样的意思。到了南宋，也是如此，宋高宗和秦桧宁愿对金人称臣纳币，也不愿见岳飞的成功，他们觉着，把北方送给金人，南宋的江山尚可存，若令岳飞成功，那就说不定会变成岳家的天下，于宋高宗无干，所以凡言"恢复中原"的，都非排斥不可。政策既是不要收复失地，你想那失地还会收复么？

所以就东晋和南宋的事实看来，并不是失地决不能收回，只是那时的统治者，他们并不要收复失地，因为他们的统治权已经建立好，若真的去收复失地，不惟牺牲代价过巨，而且即使收复了，对他们是否有利，很成问题。所以最聪明的办法是只好把失地一任外族占据，自己乐得安稳，“执麈清谈”，至于多少同胞在异族的压迫下宛转求生，整个国家和民族的前途如何，这班人是不管的。所以排在我们面前的，是失地收复无期。

不过这是历史事实，我并不是说现在也是如此。须知历史上的统治阶级，都是地主阶级的化身，他们的分裂趋势本较统一为多。现在当然不同，现在有许多情形是需要收复失地的，这些情形一完成，定可打破历史的纪录，我们将由失地收复与否，以决定现在政权的性质。

原载《生活学校》1937 年第 1 卷

汉奸论

历史上每当外族侵扰的时代，总有一些汉奸为虎作伥，以残虐国人。我们固然不能说若没有汉奸，外族的侵入将不可能，不过有了汉奸，确可使侵略者得到许多便利，事实上有几个朝代就是这样亡在汉奸手中的。

好好的一个人，为什么要作汉奸？平常总骂汉奸太无心肝，其实这并不是良心问题，良心主持不了他自己。汉奸实在是几种环境下造成的。我们应当考查清楚制造汉奸的环境，设法改正。汉奸固然可诛可杀，但若环境不改善，那就汉奸以后还有汉奸，"一二八"时枪毙过一个大汉奸胡立夫，这也算是对付汉奸的最后办法，可是又有什么用处，像如胡立夫还不是照样很多！如果要肃清汉奸，除非肃清制造汉奸的环境。这制造汉奸的环境是什么呢？我们就历来事实看起来，大约不外以下几种。

第一，大多数的汉奸，都是失意的军人、政客之流。比方汉时教匈奴欺凌汉人的中行说，宋时替西夏谋画扰边的张元、吴昊，明末替清朝打天下的孔有德、耿仲明等都是。即如中行说，何尝有心做汉奸，他只因为汉政府要他侍从和亲的公主入匈奴，他执意不去，而汉政府偏要他去，他不高兴，遂说"如必须我去，我必教匈奴为汉患"，以后果然替匈奴策画，时扰汉边，又数数侮辱汉使。至张元、吴昊，宋人传其事不一，总不外求仕进不遂，故挟恨入西夏，教以扰边。明末替清朝打天下的汉奸将官很多，原因大体相同，如孔有德等是因其主帅毛文龙为袁崇焕所杀，投依登州，不得志，钱粮缺乏，其部下哗变，劫而降清的。像如这些人，以民族立场说来，固然绝对不能允许，无论有何原因，皆不应反事外族，这自然不待说的。

不过我们要晓得，这一类人的失意，都是由某种环境逼迫成功的。这种环境，一般说来，大体都是政治颇欠清明，腐败黑暗，政权为某一部分人把持，事务不循常轨，以致一些人不能获得正常出路，遂出为奸邪，以至公然卖国。这种人想要刈除，若不在政治、社会组织方面根本谋办法，是绝对刈除不了的。中行说等人固不足道，可是有许多极优秀的人物，往往也因这些原因，不免也做了汉奸。比方五胡十六国时，替氐人苻氏效力的王猛，虽不应和普通汉奸并论，但事实上也是不肯入仕东晋而情愿臣事异族的。其不肯入东晋，固因桓温未尝尽力罗致，可是在门阀阶级把持下的东晋政治，王猛不易加入，也不屑加入，所以情愿留在陕西事苻坚。又如明末满洲人任用的第一个汉人范文程，他自己也是情愿投效清太祖，自然是汉奸，不过试想明末的政治情状，即使范文程不投效清人，费力气加入明室政府，能有何用？即幸而被录用，略有施为，恐也免不了一诛，何能和开国元勋比拟？所以就实际说，若忽略了政治、社会的背景，而只责备汉奸，实无用处。忠如明末的袁崇焕，应无话可说了，但当被捕后，其部下祖大寿愤而引兵出关，直欲降清，明政府惶急无法，只得商请袁崇焕令作书召祖，袁崇焕初时亦愤而不肯作，可见政府荒谬至不可言喻时，任何人亦无法保持其忠诚。后来祖大寿亦终于降清，成为汉奸，惟按祖大寿的为人，实不是肯作汉奸的。所以政治轨道失常，社会组织紊乱，实为产生汉奸的根原，要消灭汉奸，非在政治、社会方面力谋改善不可。

第二，历来的汉奸还有更多的一部分是和上述情形恰恰相反，而为一般大官僚或豪绅地主之类。这种人正因权力过高,或财产过多,遂为身家性命所累,乃不得不依附侵略的外人以自托。历来所谓“贰臣”,大率都属此类。其间最足为代表的,如五代时的冯道、石敬瑭,宋时的张邦昌、刘豫、杜充,明末的吴三桂以及郑芝龙、金声桓等都是。石敬瑭和吴三桂一样,都是因感到自己地位的恐慌,才依附契丹和清;冯道和张邦昌等也一样,都是为保持其禄位和财产,才情肯投降外族。古人说“衣食足而后知礼义”,但我们试一考查社会上的现象,往往是衣食足了反不能讲礼义,真能讲礼义的倒是些不知名的微末之士。唐代安禄山造反后,州郡望风降附,其能抗贼的乃是出乎唐玄宗意料以外的颜杲卿、颜真卿和张巡、许远等。宋室亡后,其宗室、大臣皆竞仕于元,甚至所谓理学家亦都改事新君,而始终不肯背宋的乃是两个寒儒郑所南和谢叠山。明代士风据说最尚节义,然而明亡后,讲节义的绝不是高官厚禄的大臣们,而乃是总兵王佐才、典史阎应元、士人顾炎武等。所以权力、财产对于礼义,应当恰成反比例。

因为这样,所以就作汉奸的可能性上说,我们觉着一班大官僚、大地主等实最不可靠,他们为其权力和财产所累,遇有外族侵入,必会首先通款,或箪食壶浆以迎“贼”师。这是环境逼人最无可奈何的一项。“九一八”以来,我们眼见的许多汉奸,大率都属此类。对于这类汉奸,治标的办法只有严密社会的组织,造成坚固的民族阵线,培养雄厚的舆论势力,庶几略能防止。比较根本的,那就最好是清除一切封建势力和官僚主义,使个人的权力和财产都建筑在公共生活之上,那他的行动就绝不能由他个人的利害关系决定,而必须由大众的利益为转移,那个人主义的汉奸,自然就不会有了。

第三,另外,作汉奸的,还有社会上最贫苦的一部分人,他们为生活所迫,亦极易受外族收买、利用,供其驱使。这种人自然更多,比方“一·二八”战争时普通所痛骂的“江北苦力”，他们每天拿着几角工钱，即情愿替外族掘战壕、运军火，或做其他奸细工作，他们的工作看似微小，但实非常重要，如果这些下层汉奸一旦全部不给外族利用，那外族的侵略实有不可能之势。即如满洲人初侵中国时，其本族兵士不过六七万人，若仅以此数和明室战争，明室无论如何不济，亦足灭之有余。然事实上满洲人以六七万人即将中国征伏，乃是有极多的中国百姓为之战争，即是有极多的下层汉奸供其驱使，才能将中国征伏。所以这种下层汉奸最有关系，实较上层的大官僚、大地主等为害尤烈。但是这许多贫苦的下层民众，岂是能消灭掉的？不惟不能消灭，而且也无从防止。惟一有效的办法，仍只有极力改善社会状况，发展社会经济，使一般人的生活相当安定，这种汉奸自然会减少。

现在我们所处的时代是什么时代，这不须细说。目前大家都注意汉奸问题，我以为要清除汉奸，必须照上边大略的分析，认清制造汉奸的种种环境，设法改正他。这自然不是一时所能收效，必须全体民族，尤其是政府当局，急应努力实行的。照目前的状况，我以为下列几件事，必宜尽先进行：

(1)政治应尽力刷新。不惟应当清明廉洁，而且政权应公开，言论应自由，人才应集中，一切都应绝对明朗化(民主化)，否则政权永为一部分人把持，言论、出版永不能自由，那就时时可有王猛、范文程产生，到了那时，虽痛骂汉奸，亦属枉然了。

(2)近年农村破产，流离失所的人到处都是，一旦有事，这些人都可供外人利用，实不只“江北苦力”。政府和社会各方，应本近年努力社会建设的运动，加紧进行，同时更应彻底免除一切苛杂，以减轻下层民众负担，务使人人生活安定，共同致力于民族统一的救国运动，否则将来徒加诛杀，实属无益。

(3)凡只知有私利,不知有民族、国家利益的军阀、官僚、地主、买办等人,政府和社会应严密监视,甚或为紧急处分亦未尝不可。他方应根本灭绝这类人物的产生,必使军、政、工、商各界的领袖人物和民众利益打成一片,才是消灭汉奸的根本办法。

原载《生活学校》1937年第1卷第3期

中国文化之新机运

此次长期抗战之结果，吾人预料最重大的一种收获，必为中国文化之新的发展。自明中叶以降，西洋文化随欧人势力东来，吾国受其影响，迄今数百年间，皆在西洋文化与吾国固有文化交流激荡中，此种激荡趋势，即在否定吾国固有文化，而向产生新文化的程途中演进。多人不明了此种趋势，往往倡导所谓“保存国粹”，或“中学为体，西学为用”，或如最近所谓“中国本位文化”等说。殊不知任何一国文化，绝无不吸收外来元素而孤立发展之理。即如吾国，数千年来，每因与外族多接触一次，文化上即多一层新元素与新发展，如此经过数度接触，吾国文化本质，已渗有无数外族元素，所谓“固有文化”，早已所存无几。吾人所着之衣服，战国以降尽属胡服，非如古代之裘裳。吾人起居坐卧，用床用椅，皆属胡制，非如古代之“席地”。古代战争用车，后世乃用骑兵，骑战系中亚细亚人文化，非战国以前人所知。古人两足承臀谓之坐，今乃谓之跪，今之坐乃印度古俗，非秦汉以前之所知。西瓜、葡萄为夏日必需食品，棉布为衣服主要材料，乃皆传自西域，亦非古人所知。凡此虽甚微细，要皆为中国吸收外族文化之明征。外族文化流入中国，不惟非中国人之羞，且正为中国文化发展之机运。远古且不论，自秦汉以降，吾国文化受外族文化推动而发展，其迹皆历历可指。最为人所熟知的，自为佛教文化。佛教经两晋、南北朝间大量输入，自唐代几将儒家学说完全否定。儒家学说之被否定，并非由于佛家思想过于优美，实乃由于当时之儒家过于陈腐。儒家经两汉经生之发挥，或流于阴阳怪气，或流于支离破碎，所谓“儒门淡薄，收拾不住”，已绝不能满足人望，故唐代第一流思想家，悉转入佛家。佛教经隋、唐、五代数百年光荣灿烂之发展，儒生乃窃取其说以入于儒，若李翱之徒，遂大谈其“性命之书”，至宋代乃成为理学。理学家皆自命为得孔子正法眼藏，然实自忘其“出入于佛老之学数十年，始得之”，使无佛家学说，理学将成为不可能，是佛教实为儒家学说亦即中国固有文化之续命汤。佛教在隋、唐间否定儒家学说，理学又否定佛教，是“否定之否定”，换句话说，实即佛教推助儒家学说，以趋于新的发展。

自明代以来，西洋文化输入，与中国旧有文化所起激荡，实乃“否定之否定”又一过程。理学经宋、元、明三代之发展，至明末已全成糟粕，清代学者极力欲觅取新的途径，以再求发展，然不能有所得，竟复堕于汉儒窠臼。清代汉学家工作固然灿烂，多可称道，然亦不过补充完成汉代古文家之工作而已，在思想上，即对儒家学说之理论方面，实毫无成就。戴震虽略有新解，亦距伟大系统甚远。等而下之，至后引起今古文之争，更不足数。是中国思想界，至明末已穷无所归，吾人尚欲以中国以“精神文化”见长为言，实不知将何所指。无怪乎明末徐光启、李之藻辈，仅对西洋学术略窥皮毛，已折伏不置。是西洋文化之输入，将对吾国固有文化为另一否定，如佛教之在隋、唐间一样，实为不可避免之事。

以上仅就思想方面言，若实际生活，或说物质文化方面，其被否定，更不待言。吾国社会，数千年前以至今日，皆以农业生活为基础，从未根本改变，以故各种工具，几千年来虽不无多少改良，但实非常有限。农人之锄、犁，工人之刨、锯，舟车之制造，矿物之取得，其构造，其方法，都保存极原始的状态。秦汉以降，虽时与外族接触，然所接触之外族，其社会生活并不高于中国，且多不如中国，故对于这些方面，不惟不能否定中国的，反而须接受中国文化，以故中国历代对外族都能保持光荣的优越地位。及与西洋交通以后，当明、清之间，即十五、十六、十七世纪的时代，欧洲社会阶段，较中国亦不高明许多，故中国亦尚能应付。及欧洲经工业革命后，入十九世纪以降，情形始大变，基于其精巧而复杂的工具，以凌中国，中国始不得不屈伏。故以物质生活言，西洋文化之输入，必否定吾国固有文化，久无疑问，吾国人早已承认。

如此所述，无论精神、物质诸方，西洋文化对吾国必加否定。事实上早已如此，明、清以来数百年间，吾国社会所起动摇，皆在表现此种作用。明末徐光启、李天经等与魏文翰之争，清初杨光先与汤若望之争，清末郭嵩焘与徐桐等之争，最近蔡孑民先生与林琴南之争，以及各种叛乱、政变、革命等等，无不为此种激荡下的表现，以年代计，已将近四百年。

在西洋文化否定中国文化的过程中，中国政治、社会、文化各方面都在动摇，一般生活遂频频不安，尤其在帝国主义的波浪冲击下，中国的国家数悬危境。但中国将终被帝国主义的波浪卷吞了去么？中国将就此灭亡么？我们敢断言绝不然！在这个过程中，在这个西洋文化否定中国文化的过程中，他的动向，是必须止于“否定之否定”的一方面，而绝不能止于现在“否定”的一面。也就是说，西洋文化、帝国主义、资本主义以及任何一种侵略势力，他对中国的侵略，必然应促进了中国文化和中国国家的发展，而决不能止于侵略完了。假若“否定之否定”的一方面尚未达到，也就是中国的新文化尚未产生，那末无论任何人、任何国家、任何民族以及现在世界上任何一种文化，也不能将中国统治了。这并不是说帝国主义侵略的力量尚薄弱，不足以压伏中国，实在是中国社会的动向，现阶段中国文化演进的趋势,绝不是任何一种力量能够阻止,加以压伏了的。

在西洋文化否定中国文化的过程下,中国文化的趋势,是向产生新文化的程途中演进,演进结果,必然是产生了新中国的新文化,而将"否定中国固有文化"的西洋文化加以否定,也正如佛教否定了中国文化,而理学又否定了佛教的一样。这是自然界一切事物演进的基本原理,绝非任何力量所能改造的。

中国的新文化既应产生,可是由明到清以至现在,已将近四百年,何以新文化尚未产生,致不能否定西洋文化与抵抗帝国主义的侵略,而使中国长期簸荡不宁呢?其实,中国新的文化、新的势力,早已在产生中,不过尚未完成罢了。当明末清初,此种表现尚未明显,及清末以来,新的事项,始日见滋长,如民族工业之日见发达,交通工具之渐趋完备,新文学之产生,自发的科学研究之进步,政治和社会机构的逐渐改良,各种社会运动的逐渐扩大等等,都能表现中国新文化的开展。基于这些新事项,中国的文化,中国的国家,始渐为世界所认识。由"五卅惨案"至一九二七大革命期中,所表现的种种反帝事实,都足以说明中国国家的力量,已在新文化的产生下,渐渐充实起来。我们对于这些事实,并不必过分估计,已足断定他必是否定西洋文化的因子。

不过中国新文化的滋长,尚在滋长途中,并未完成。他的表现,只是部分的,个别的,尚缺乏伟大的组织与综合。其所以不能即趋完成,显然有他的基本原因。首先,中国社会背负着几千年来遗传的沉重担负,社会上布满旧的阶层,一时既不能清除,且亦无法立刻制造新的东西,全部加以代替。比方一班农业者,他们情愿固守着压榨佃农的旧方法,而不肯集合、投资、经营他们的土地。无数的手工业者,虽都在极端困苦的挣扎中,但终不肯舍弃他们认为熟习的旧方法而练习新的技能,须知这种练习是又费精神又费钱的。生产者的这种情形，也正好比一般所谓世家大族的父兄，绝不肯送他们的子弟入学校，而宁愿自请硕儒或入私塾读经的一样。这些顽固的旧势力，显然是新发展的极大阻碍。此外，更大的一种阻力，是一般梦想统治中国的帝国主义者，他们为达到他们的目的，自须满布爪牙，于是军阀、官僚、买办、土棍等等，都成了他们最忠顺的鹰犬，这些人基于其背景的特别，每一举动都成了破毁自己国家的行径。如民国初年的军阀官僚，他的认定以国家的领土主权换取外国资本家的一点回扣、佣金，那是当然应做的事；买办尽量的替外国资本家推销货物，尽量偷运漏税的私货，以抵制自己国家的工业，也是认为极合理的。在这种种的阻碍下，中国的发展，自然只有加慢，自然不能希望即刻完成了。

我们要晓得，社会上无论任何一种发展，固然是人力所不能阻止的演进，他有自发的动力。不过这种动力，天然又是参加社会各种机构的人力推动出来的，如果全无推动，发展亦必不可能。比方一种工作技术的演进，他有自然的历程，可是由一种较低的技术进到较高的阶段，必须是参加这种工作的人，顺着自然演进的历程加以推动，才能达到，否则演进的动力虽包含在某种技术的本身，但无运用这种技术的人，技术本身又焉能进行？中国新文化的产生，虽然有他的必然性，有他自发的动力，但是若无参加各部门的工作人加以运用，这种动力，正好比一部机器缺乏了燃料，是立刻会中断停止的。最近数十年以来，推动中国文化发展的种种活动，固然很多，可是基于旧势力的浓厚，基于各种破坏力量的广大，推动的效力实甚微。所以清末虽有李鸿章的改革，而乃遭王孝凤、于舫莲的痛诋；虽有康有为的变法，而乃有清贵族的嫉视；民国以来经几次流血运动造出来的一点成绩，乃有大小军阀的反动。这些事实即表现出中国新文化所以不能即刻完成的根本原因所在，必须克服了这些原因，否定西洋文化的中国新文化，才有长足发展的希望。

这次对日帝国的长期抗战，我们敢断言必是中国新文化发展的一个新机运。我以为每个人都应当有这样的认识，假使认识不清，他的行动，必会不自觉的流于破毁自己国家的行径中。

为什么说是一个新机运呢？这很明显。

第一，这次抗战的本身，即是对中国新文化发展上绝大的一种推动力，因抗战工作的进行，对政治、经济、社会、军事各方面，皆不得不为有效而迅速的改革。全国意识的集中，散漫的社会组织开始密切连系，生产部门的活泼运用，都是中国向来所最需要而不能达到的，都于这次抗战中渐渐实现。由抗战的发展，必将更加速了这些工作的进展，而这些新事态，无疑的会成为建设新中国的基础。

第二，抗战本身的另一种表现，是直接表示否定西洋文化的一种行动。我们要晓得，中国的新文化如果没有相当的基础，中国的力量如果没有相当的成熟，这次抗战是不会发生的。我们大家都自信抗战必会获得最后胜利，为什么能有这样的自信呢？这不是任何人的心理作用，乃是近几年来中国社会新发展的总表现。惟其中国社会有这样的表现，才能结成全国一致坚决自信的意识，否则这种自信心是无从产生的。就这种自信心追寻他的基础，即可证明了新中国力量的完成，他已开始实践抵抗帝国主义的侵略和否定西洋文化的工作。

第三，抗战工作的再一种作用，尤其有效的，是一切旧的势力，一切对中国发展的破坏者，都显然被扫荡，必很快的消灭下去。不惟一班旧军阀、旧官僚或买办等人尽现原形，公开昭示出汉奸的面目，不能再隐匿于社会里层，且即一班旧生活的保守者，亦必因战争而破坏其生活，不得不为新的改变。这种改变，一方减少了阻碍力，一方促进了新事态，其有助于新文化的发展，自不待言。

总之，这次抗战，无疑是中国的新表现，他的结果，必会把中国带到新的世界上去，完成了近数百年来在西洋文化侵入所起激荡下自然演进的程途。假使有人不相信这种结果，怀疑抗战的胜利，那我就请问：离开中国自身的力量，还有什么力量能把中国统治了呢？

原载《新大夏月刊》1938 年创刊号

第三十回——国庆纪念感言

中华民国将是永远继续写下去的一部大书，如果是小说的话，今年应是第三十回。

这三十回书中包含的故事，只要是四十岁以外的人，大约或多或少都可以知道一些。

我们试回想一下，在三十年以前的中国是什么状况，民二三年间是什么状况，民六七年间是什么状况，民九、十年间是什么状况，民十一、十二年间又是什么状况。

我们只要前后一想，就会觉着三十年来的中国，的确变化的出人意料以外。假定第一次双十节初生的一个小孩，到现在三十岁，你若乍见，绝不会认识，那末，假定一个人在三十年前离开中国，到现在回来，对中国也将不会认识。

这三十年中间的变化，除总理孙先生以外，我敢说没有一个人预料得到，更不要说计划到。

当三十年前，大家都闹革命，革命的意思，在一般人眼中是只革清朝的命，清朝的命革了后，应当成什么样的中国，没有人去设想。同盟会初成立时，总理提出"三民主义"，为革命的目标，有许多革命者居然不赞成，说是用不着，不肯签约，经过再三的解释，才作形式上的承认。这是做小说的人竟不知道第一回书该写些什么。

到了民国二年，总理认为必需再举革命了，一般人更莫名其妙，袁世凯大声大气的说，“可告国民党人，我已决心，孙、黄意在捣乱，我决不能以受四万万人财产生命付托之重，而听人捣乱者”。这并不是袁世凯一个人的私话，大家应该记的，那时人人都觉得革命实在是捣乱，即连主持革命的亦不例外，据当时一个记者写道，“现在最激烈者为一孙中山”，实际上当时已有多人不服从总理的命令。这是小说写了第一回，又不知道第二、三回该写些什么。

等到帝制运动发生了，于是大家才都明白，才又急急忙忙往下写，连袁世凯的帮凶，进步党人，也参加扮演，增加材料，如此继续写成第四回、第五回。不料第五回以下又茫然了。民国六年，海军南下护法，一般人又说是总理多事，聪明的人们更说这不过是制造一套大小齐全的饭碗罢了。可是由民六、民七到了民八，大家才又明白了，一道金光起处，“五四运动”的照妖镜出现，才把自命为合法政府的人们，个个都现原形，原来是卖国贼！恍然大悟的人们才再寻总理，然而总理这时已在上海开始写他第十六七回以下的书了。

民国九年，粤军回粤的成功，是否系一部分人恍然大悟的结果，这很难讲，不过即使如此，也有限的很，后来的事都可证明。别的不说，一个大总统，选了八九个月才选出，就可想见。一般人看了也不过如此，就渐渐的又冷淡起来。而同时北方却演了几幕全武行的好戏，由民九、民十到民十一，大打出手，着实不差，遂使仅有的几个真正恍然大悟的人，也迷惘起来，打电给孙大总统说：“请先生休息休息，让吴佩孚来干一下罢！”孙大总统不休息，却发表了最重要的第十三回。

第十三回书发表后，真正明白的人比较多了，可是十四年路过上海，宣言要打外国人，仍使一般人震骇，外国人更是讥笑百出。但这个宣言包含的意义，近年的事实已都说明，不必再提。

近十余年来,我们幸而能照总理在十几年前、二十几年前以至三十几年前写好的抄稿,一回一回的发表,遂能有今日的成就,把破碎的中国,团炼成钢铁般的坚强,摧毁了帝国主义者的迷梦,且进而缔造世界的永久和平。我们试把几千年来中外历史人物一数,有多少人能具有这样洞烛百世的眼光?有多少人能具有这样销毁一切的精神力量?

现在做着第三十次的国庆纪念,最应当纪念、最值得纪念的是什么,我们应当想一想。

原载《国力月刊》1941年第1卷

个人训练与集体训练

（梁园东先生讲演　彭子瑞、邓充闾记录）

我们都知道我国是最注重训练的，一个人从极小的时候起，小到从胎儿的时候起，以至老死，无时不在受训练，初则有胎教，生出来就有父兄的训练，在社会上又有师友的训练，一生都在受训练的当中。所以我国的道德观念，极为发达，自古是如此，延及后世，也是如此，我们总以“精神文明”自夸于世界。这种训练具有很高的目的，要训练人人成为圣人，最低限度也要训练人人成为好人，而且还有个理想，以为每个人都训练得很好，则家齐、国治、天下平。换言之，就是把齐家、治国、平天下的重任，都放在每个人的身上，一切伟大的事业都须从个人的修身做起，所以个人训练为最要紧。

但是我们确实地考查起来，这种理想是失败了。要训练人人成为圣人，而我国究有多少圣人。可说自孔子以后，就没有圣人。如求其次焉者，如贤人、君子也不可多得。若真正能够改进国家、社会，阐扬民族文化的人，更少得可怜，故秦汉以后乱世多于治世。何以最注重训练，竟训练不出有用的人才来呢？难道秦汉以后也有圣人而不为人所知吗？或者是秦汉以后训练的精神不及从前吗？

究其实，实在是过去训练的目标太不正确了，根本训练不出有用的人才来。过去的训练有一个大缺点，把训练全着重在个人的身上，只为个人的利益、个人的前途去训练个人，却并不是为着国家、社会的公共福利去训练他。故道德观念,虽极发达,但都是为个人设计的,并不是为公共设计的。我们试搜集道德的名词,几无不是讲个人私德的,如礼、义、廉、耻等德目,都是指个人而言的,即进一层,也止限于个人与个人的关系,如仁、义、信、实等德目,很少有涉及公共生活的。我们过去的哲学家、思想家、伦理家,他们脑子里似乎没有"公共"两个字,更没有社会观念。他们只以为团体是合个人而成的,团体的好不好,系于个人的好不好,如各个人都好了,团体自然也好了。这观念其实是不对的,一个有组织机构的团体,与个人绝不同,个人有个人的生活,团体有团体的生活,一个团体中,各个人谨慎寡言,循规蹈矩,团体便好了吗?是殊不然。团体还有其公共的使命和任务,团体的生活要团结,要有计划,要共同去推动,要各部门都能适当的配合。假若每个人只讲自己的私德,即使品行怎样好,若对团体无所贡献,也是没用处的。如一个学校,校长、教师、学生都要去推动学校,校长负行政责任,教师循循善诱,学生发奋勤学,这都是为学校——一个团体而配合起来的,更大一点说,是为国家、社会的福利才如此,并不是由个人出发的。若个人看不清团体的使命、团体的任务,团体就不会发达起来。

我国过去只知有个人而不知有团体,这是有原因的。因为我国的道德观念是在很简单的社会里面产生的,那时是宗法社会,纯以家庭氏族为基础,国家不过是这许多散漫的家族的集合而已,当时没有像后世这样复杂的社会、公共的生活。后来生活改变了,而后人只知因袭古人成训,不知改变,道德遂失其效用,不足以适应新的需要。所以我们看到秦汉以后,有许多人,在私生活方面,未尝不好,但当他一旦担起了公共事务,或做地方官,或做宰相,总还是拿他个人的生活需要以衡量公共事务,处理公共事务。比方个人立身处世,要安贫乐道,不冒名利,这在个人方面原是对的,但既担当了公共事务，眼光却更要看到国家、社会上面去，怎样去改良国家的政治，发展社会的经济。而从前的人，当某人做了官，当了宰相，仍只是斤斤议论他的私德，至于如何发展社会经济，以福国利民，反不过问。不惟不过问，且如有人欲在政治上、经济上有所兴举和改革，则他们会骂他为小人，为牟利之徒，非先王之道。一般说法，宰相只应燮理阴阳，没有灾异发生，便是好宰相，若多所改革，便要招人反对。像王安石变法，改良政治，发展经济，整顿军备，以图富强，不幸遭当时一般人反对而不得实行，那些反对的人就是拿个人的道德衡量公共事务，根本就不懂得国家、社会的生活，把国家和个人看做一件事。还有一般人，口言道德，而责其实，行为卑鄙，龌龊不堪。我并不是批评旧道德的不好，实在是因为旧道德太注重个人而忘记了公共的生活，一旦到公共生活里面，便不能处理。结果，就个人说，难算道德；就全民族、全社会说，适成了不道德。几千年来，中国社会进步很少，和这种道德训练上的缺点有很大的关系。

我以为现在的训练工作，应将从前那种不正确的观念予以改变，不要为个人而去训练个人，应为国家、社会的需要而训练个人。国家像一架复杂的机器，人像上面的机件，机器上需要各种各样的机件，国家也需要各种各样的人才，去担任各式各样的工作，我们要训练各种人配合这架大机器，做这大机器的一分子，这才是公民训育的目的。

我们把过去训练的目标改过来以后，那末训练的方法，应当尽量采取集体的训练。固然个别的训练也不能说不需要，但集体训练尤其需要。集体训练比个别训练有三点便利的地方：第一，首先就使每个人都知道自己是公共团体的一分子，而非孤孤单单的一个人；第二，在团体中，各个人的许多缺点，无形中可以解变，可以克服，比个别训练的许多废话有效得多；第三，养成其服务及团结的精神，个人参加团体活动，在团体中应具的工作能力与习惯及其他种种共同生活所必需的条件，自然而然可以养成。

至集体训练的方法，第一，要使群众自觉，一切工作应使群众完全了解，然后自发地去做，不应使群众全处在被动的方面。第二，要从行动方面去训练，在原则上表示行动，更从行动上发明一切，行动是实地的练习，比说空话有效得多。训练群众，此为最要，否则必会失败。第三，要养成自我批评、互相批评的精神，以破除隔阂，捐弃私嫌，使其在精神上互为影响，而后团体的精神得以充实，得以一致。我以为实行集体训练至少要包括以上三点才行。

我是主张集体训练的，我以为今日的中国，不采取集体训练的方法，就造就不出好公民，造就不出有用的人才。集体训练怎样实施，是要仗诸位将来切实的负担起来。

原载《国力月刊》1941 年第 1 卷

本人被捕经过

本人此次经历，在个人虽属奇遇，然在广大社会中，却至为平常，无足注意。兹应处委会之请，略述其经过如下：

六月一日晨五时许，突闻叩门声甚急，余披衣开窗起视，见宪警数人围在门口，询之，一便衣者曰："你是梁先生乎？"我答："是。"便衣者曰："我们从行辕来，请你去谈话，请开门。"我问："何事？"他说："至后便知。"我即下楼开门，宪警一拥而入，便衣者颇客气，嘱余勿忙，先穿好衣服。余招待彼等至客室，继即穿衣盥漱。便衣者并示余一名单，知有朱、刘、缪、金、陈等数同事亦被邀。余虽极诧异，然料必因六月二日学生将游行请愿，运动和平，不知何方面误会吾等有关，致有此举。盖前此数日，学生曾举行和平促进会，邀吾等参加发言也。余盥洗后即随宪警行，至汽车站，见军警林立，旁停卡车数部，余被命登最前一辆卡车，上车后，已有十余同学在内，皆背剪双手。余坐定后，一警持索前来，亦欲捆余。同学等皆大吼，谓吾辈先生，若大年龄，岂逃者，何遽加污辱！警亦遂止。不久，刘、缪、朱三位亦继至。朱君系一女教授，状尚镇定。是时忽闻宿舍中同学吼声甚厉，车下便衣者急发令"快开，快开"，于是车即向武昌城内开去。

车抵汉阳门警察所，余等被趋入内，同拘一大屋中。稍停，同事金君及另一同学始至。金君言，离校时枪声大作，闻军警言死一学生。余等皆焦急万状,然又无法询问,只有垂头叹息。

在汉阳门警察所约留二十分钟,又被带出,越马路,至一小火轮。当时路旁民众皆远远观望,似皆莫名其妙。至小火轮后,余等被纳入下舱,黑暗,闷热,欲呕,初尝囚徒滋味。火轮开抵汉口,初抵一码头,不知何故,又不登岸,足停半小时余,始再开行,历时甚久,抵一码头,乃登岸,入预停之大卡车中,初行至警备司令部特务营旁略停,继至三元里中央训练团武汉分团部。稍停又开行,最后至桥口分团部。同时中华大学同学十余人亦被拘至,内有一女生,与余等同被带入一大屋中拘禁,于是被点名,被排队,并被报数。当报数时,一、二、三等声作,同事金君不禁大笑,军警等亦笑,乃中止报数,以手计数,共二十八人。

余等至分团部时,为上午十时,至下午三时,军警抬来饭两大箩,青菜两大筐,供吾等聚食。至五时,有军官来,称教授五人应移至另一处,中华大学女生亦令随女教授朱君行。余等乃再上车,被送至警备司令部稽查处三楼一室中。至后不久,同事刘君及朱君,皆有友人保释,遂得恢复自由,归校,只余金、缪两君及余共三人。时中华女生本另在一屋,然因荷枪实弹者伫立门口,恐怖不能坐卧,乃要求与余等同拘一屋内,幸承见允,乃四人环坐漫谈,殊不自觉在囚禁中也。

晚间有人来言,次日(二日)上午将对余等审问。次日早,余等又移入楼下一小屋中,云系便于审问。不料候一上午,终未见传,直至下午三时许,始首传缪君。历一时许,缪君归,继传余。至后,即系三楼余等初被拘禁房屋之邻室,室端放一写字台,从一便衣人员,傍一军装者司记录。便衣人命余坐书桌对面,问话不久,即云另有他事,待晚间再讯。入晚,始相继传余及金君与中大女生,各问一小时许。问话大致相同,如对和平问题、政治问题及国民党、共产党有何意见,武大教授及学生中何人为共产党等等。余等皆坦白致答,或略述意见，或告以不知。彼亦不再追问，皆按语记录，最后令自行阅过签名。惟吾人皆再三请将所犯罪状见告，以便明了，彼皆不答，仅云可自行思索，有话明日再谈云云。

次日，即三日，余等方备再审，不料上午十一时许，便衣人将缪、金两君及余带入另一室中，云："你们周校长已于昨夜返校，教部杭立武次长亦同来，已向程主任交涉保释，可立即释放。"余等自属万分快慰，旋即随稽查处督察长李君乘车至武汉分团部，见一大卡车满载武大同学，已先至。余等入内，候周校长前来办手续。直至下午三时，李督察长始接得命令，又带余等至青年馆。至后，始见武大同仁十余人在彼相候迎接，见余等至，皆来握手慰问。三日囚系，乍见友好，知盛意殷切，已见候数小时，感激几欲泣下！蒙同仁见爱，簇拥返校，在路始备闻校长及杭次长营救余等殷勤，及余等被捕时惨案经过，与同学死伤惨状，余不禁欲大哭。身造何孽，殃及多人，同学英灵不远，请罪余身！

六月九日记

编者按 1947 年，在中国共产党领导下，"反饥饿、反内战、反迫害"学生运动遍及国民党统治区，以武汉大学为中心的学潮成为这次学运的重要组成部分。6 月 1 日凌晨 3 时，武汉当局调集全副武装的军、警、特千余人，突然闯入武汉大学教职员和学生宿舍，开枪打死手无寸铁的王志德、黄鸣岗、陈如丰三位同学，打伤二十多人，逮捕一批进步师生，其中有外文系缪朗山、中文系朱君允、哲学系金克木、历史系梁园东、工学院刘颖五位教授，时称"六一惨案"。现武汉大学建有"六一惨案"纪念亭。

原载《六一屠杀惨案特刊》

中华民国三十六年六月十五日

历史程度低落问题

目前我们大家都感觉到一般历史程度的低落,一个大学入学生,往往连最普通的常识都答不出来。这中间的原故应当很多,主要的自然是中学校历史科的教与学方面。中学历史教学的不能收良好效果,有几个显而易见的原因,我愿意把他指出来。

第一,缺乏良好的历史读物。最近出版的历史书籍,固然都很好,各有各的长处,可是要求能够宜于阅读,使人人喜欢看,再三的看,却是很少。我们知道,旧日的史籍中,有几种名著,《左传》《国语》《史记》《汉书》等,在旧日几人人必读,且人人爱读,几百读不厌,所以旧日文人对于春秋、战国、秦、汉间史迹,皆熟习如流。《史》《汉》以下,如《资治通鉴》,也是人人所读的。因此但凡一个读书人,除帖括家外,对于历史,总不至隔膜,且极丰富。但是到了现在,《史》《汉》等书,就其文论,既不便于一般人读,即以历史论,亦不必人人去读。现在新的文体是一层,新的历史观念又是一层,旧日的名著无论如何有价值,都不适于用。可是旧的既不适用,而新的合时代的同样名著,又没有产生出来。目前要为一般青年开列课外读物,或者是青年们自行选择课外读物,历史书籍能入选的实在很少。历史读物既没有,单凭教员在教室中有数的几小时讲解,再夹上一半瞌睡打盹,又那能留深刻印象呢?历史知识又那能丰富了呢?所以好的历史读物的缺乏,实在是历史程度低落的大原因。目前我们急需要几部历史名著，急需要新的《史记》《汉书》，如果这些名著产生不出来，我们似乎不应把历史程度的低落，单怪中学生不读书、不用功的。

不过就这一点看，也应当分别论。新式的整部《史记》《汉书》固然没有，而新式文体、新式历史观念流行已多年，根据新式体裁著作的历史书籍或文章，已经很多，其间断断不能连几篇好的都没有，我希望为中学生选取国文读本的先生们注意这点。选取国文，旧日历史名著或纯文学作品，固应选取，现在的文学创作或翻译，也应选取，而最近对旧史上整理过的新作品，亦应注意选取才好。就我所见，近人对旧史的新叙述，有几篇的确是很好的，远较《史》《汉》为优。假使把这些文章选入中学国文课本，一方面可以指示学生对旧史的整理方法，一方面自可以乘便介绍历史知识，为历史科的辅助。如果能进一步专辑近人整理旧史的好文章，汇为一册，为中学生的课外读物，实尤有必要。

第二，教科书的缺点。目前高、初中所用的历史教科书，在质量上似乎都较前几年为好，但仍极不完全。教科书的第一个毛病，仍在不能使人阅读，枯燥无味，零碎断片，有内容的真很少。教科书是学生的直接用书，若不能引起学生兴趣，使他自己看，只凭教员的讲解，又有什么用处？但是现在中学的历史教科书，除考试时也许学生不能不看外，平常有谁来看？好的课外历史读物既没有，而课本又不能读，学生的历史知识又从哪里来呢？历史课本的不完善，编教科书的固不能辞其咎，而也有不能由教科书的编者负责的。教科书的编辑，都是依照教育部颁行的课程标准，事实上必须严格依照编辑，但是依照课程标准，能不能编出好的教科书出来，实成问题。

第三，是历史教员。中学历史教员，有许多教学经验极丰富，学识极充足，学生们幸而遇到这样教员，自然会得到好的知识。但是我听到许多中学校的友人讲，中学的历史教员，大都是其他教员的副业，尤其多属国文教员兼领。其间据说有不得不如此的苦衷，因为中学教员报酬的低微，一个专任国文教员，非兼教三四班以上的国文，不能维持生活，但是国文教的太多，因改文卷关系，事实上又忙不过来，遂不得不以历史钟点调剂。其结果，历史钟点都为国文教员分割，历史课程并不必由专学历史的人担任。这种现象我不知道占到全国中学的百分之几十几，如果非常普通，那实在对中学生的历史程度极有影响。这并不是说国文教员教不了历史，实在是一种影响。况且就教育部规定的历史教学方法，亦算相当完备，这样忙迫的国文教员，能不能依着来做，实成问题。不过这个缺点的救济就很困难了。

第四，学生们对于历史的观念和学习，尤应注意。学生们看史、地，大都是国、英、算的次科，甚且全不留意；或者因为历史事实太繁，苦于记忆；或者因为过视历史为富于趣味的，而事实不然，感觉失望。这些必须教员加以纠正和指导。

总而言之，一个社会现象，决不是简单的原因造成，我们必须从各方面设想，设法补救。但是话也不能全从一方面说。我们批评一般历史程度低落，这个“历史程度”似乎也应有点限度。普通必须知道的历史常识，青年不知，把孙中山弄成唐朝人，甲午战争放在明代，这才是可注意的问题。但是一班老先生，要根据他们读书的范围，来责难现在一般人，却是不必接受的。社会愈往前进，各种知识将愈专门化，我们所谓历史知识，也应就各种等级有个标准才好。

原载《教与学》1935 年第 1 卷

两部教科书“不予审定”之经过

近两年来，我偶然应友人之约，先后编了几部历史教科书。我对编辑教科书本是门外汉，但因为近年我们都觉着中学生历史程度太坏，投考大学一年级的高中毕业生，往往连本国的朝代都弄不清楚，满纸笑话。这种原故，当然很多，可是教科书的不完备，应为一有力原因。我是学历史的，应当负一种责任，所以就自己平日感想所得，略定出几条计画，决心尝试。

当着手编辑时，有几位书局的朋友就对我说，教育部颁行的历史课程标准，必须完全依据，即连目录，亦必须就课程标准的教材大纲照抄，始能审定。我当时听了这话，觉着似乎未免过甚，课程标准固然应当依据，但若目录也必须依照课程标准，那岂不是各家编辑的教科书都一样，只编一部就够了，又何必各书局多耗人力、财力各编一部呢？况且我所定的计画，实有几处和课程标准的教材大纲绝不一致，若必须完全一样，我倒无兴趣编辑。后经再三斟酌，终决定在尽量依照课程标准的态度下，尝试编辑。

最初编成的是一部高级中学用的《外国史教科书》，编好后即送请教部审查，数月后听到消息说不准审定，后来奉到部批，说是“本书编制与部颁课程标准完全不符，不予审定”。我看了这个批语，深为诧异，因为本书编制固然与“部颁课程标准”不尽相符，但我的编制原有理由，在《编辑大意》中说明，如有是处自然罢了，教部如认为不合，亦应指明理由，改正亦可，若只说"编制不符"，究竟错在那里，我不明了，所以只好将我的编制方法和课程标准不符的地方，再说明理由，托友人向国立编译馆请示，希望具体指出错误，以便修正。不料后来接到审查人的指示，其中一项说是"本书所分章节太多，不合初级中学适用"云云。至此我方以为或系审查人弄错，把"高中"误为"初中"，无怪其不合，于是又将理由说明，将全书再送编译馆审查。又经数月，部中详细批出来了，共有四点，说是"（一）不合标准；（二）不合史实；（三）详略失当；（四）文字不通"，当然仍不予审定。这是一部。

另外有两部，是师范学校和简易师范学校用的历史各一部。这两部非常麻烦，其中包含本国史、外国史、历史编纂、史料搜集法和名人传记等数部分，我直用了一年多的工夫，才把两部书编成，亦送请审查。其中先成的是师范学校的一部，数月后先奉到部批，令修改。我即照部批，凡可改的都一律改正，再送部中复审。按照普通情形，既令修改，即非"不予审定"，所以照改后复审当无问题。不料又隔半年，仍奉到部批，亦不予审定，理由"（一）不合标准；（二）不合事实；（三）详略失当；（四）穿凿附会"，此外当然还有"文字晦涩生硬"等弊。此事很令人纳闷，既令修正，修正了却又不予审定，那末第一次何不直截了当不审定呢？至于简易师范用的一部，尚未奉到批示，不知如何。

一部书编的荒谬，教部不予审定，原属常事，本不必讲什么话。当那部高中外国史批出后，有几位朋友，要我提出辩正，我以为编译馆审查书籍自有道理，又何必辩。但现在我既一再荒谬，而这三部书合计不下六十余万字，几年来的心力全致力于此，其他必要写的文章皆未能写作，这还罢了，而书局方面支付稿费、排版、印刷、校对、抄录，以至一再送请审查，前后经历四五年，中间所耗人力、财力，皆在“不予审定”四字下轻轻过去了。究竟这两部书荒谬至如何程度，朋友们多关心询问，我不能不写出来以代报告，兼请各方贤达指教。

（一）编译馆认这部书最不合用的一点是“不合标准”，即是不合课程标准中所列的教材大纲，两书中都详细批出。但是以我的浅见，教材大纲实不便依据，并非故意不遵。即就高中外国史说，例如教材大纲于中古史第九节令述“佛教之宏布”，其上下两节，第八节是“欧洲之封建制度”，第十节是“回教之兴起及其发展”，这个意思即是会述欧洲封建制度盛行和回教兴起时代的佛教之宏布，也就是应为公元五、六、七、八世纪之间的事实。但是我们绝对不懂在这期间佛教有什么宏布。佛教自然是宏布过的，他在印度阿育王时代大行传播，以后宏布于东西土耳其斯坦及南洋群岛间，这是有的。但到公元三四世纪以降，火袄教既成了波斯的国教，印度教亦成了笈多朝的国教，中间又夹以摩尼教，佛教的地盘无论在何处已都为这些教所夺，就中国僧人法显和玄奘的记述，到处都是荒凉满目，明白是个衰落时代，前人早已说过，又有什么宏布呢？窥大纲作者的意思，或系以为那时佛教在中国很盛行，且因而传入朝鲜、日本是为宏布。但这个是不是宏布且不要管他，可是我们应在外国史中专辟一章讲中国的佛教么？而且佛教明已衰落，我们偏说成“宏布”，这岂是“合史实”么？

又如中古史的最后一节，大纲会述“突厥帝国之建立”。这个突厥，人人以为必系隋唐间之突厥（Parker）（《鞑靼千年史》即称之为突厥帝国），但教材大纲的意思实系要人讲“土耳其帝国之建立”。土耳其人原系突厥族，原文且系一字（有时在西文亦为两字），惟中文向译两名，用以区别。照大纲此节标题，似乎要编教科书的人一致写成突厥了，若如此，那末普通所知“俄土战争”即应改为“俄突战争”了,欧战后的“土耳其革命”也应成为“突厥革命”了。这样编来,对课程标准固然是完全相符了,可是能说的过去么?

这还罢了。教材大纲实把许多重要事实漏列,即如近世史的前半段,试把我所编的目录和教材大纲比较即知。

近世史(大纲)

(1)近世初年之世界大势

(2)欧洲民族的国家之兴起

(3)欧洲之文艺复兴

(4)地理上之发现与欧人之殖民事业

(5)宗教改革与宗教战争

(6)北美合众国之独立及其发展

(7)欧洲新兴列强之内政与外交

(8)欧洲近世之文化与社会

(9)法国大革命

(10)拿破仑之事业

(11)维也诺会议与神圣同盟

近世史(目录)

第一章 开发近世欧洲的诸元素

一、君主权力的扩张与国会的起源

二、商业资本发展下的农民暴动

三、思想文艺的复兴

四、地理上的大发现

五、宗教革命

第二章 资产阶级的革命和列国的强大

一、尼德兰的革命

二、英国革命和其立宪政体的确立

三、君主专制的法国

四、俄罗斯和普鲁士的兴起

第三章　列强分割世界的开始

一、美洲殖民地竞争

二、印度的殖民地化

三、俄人的侵略亚洲

四、欧洲势力东来时的日本

五、俄、普、奥的分割波兰

第四章　美利坚独立和法国大革命

一、十三州的独立战争

二、美利坚合众国的独立

三、法国大革命的爆发

四、国民会议，立法会议，国民公会

五、拿破仑

第五章　科学发达和工业革命

一、科学的发达

二、工业革命

以上都是从近世初年至维也诺会议为止。其中教材大纲的前五节，可当我的目录第一章五节（惟农民革命，大纲亦无），大纲的6、8、9、10、11五节，可当目录第四、第五两章的七节，至于目录第二章共四节，大纲只有（7）节一节约可相当，而目录的第三章共五节，大纲全没有，只有（4）节的一半或可相当。试问目录第二、三两章的事实是否重要？能否在一节半中述过去呢？如像此种情形，大纲有数处都可指出。

不过我们谁都晓得，并不能拿这些地方责大纲，因为大纲只是大纲,并不是要人死板地遵照,编辑人自应随处伸缩增减。但既是这样,大纲既必须编辑人为之伸缩增减,可是为什么我的伸缩就不许,而说是“不合标准”呢?教部指出我“不合标准”的地方,高中外国史共三点。其一是“外国史时期划分等项目皆不置一辞”。其实我对时期划分正有一点意见,特地在《编辑大意》中详细说明,我不愿把他列为正文,是因为时期划分,本非重要,为省正文篇幅,不愿专列一章。教部要我改入正文也可以,但何尝是“不置一辞”呢?其二是“对于上古及中古之世界大势亦无系统之叙述”。这一条批语教我非常痛心。因为我编这部书,最着意的一点就是每一时期的“大势”,我感觉外国史所谓上古、中古、近世,往往是东西并包,甚且时代相差甚远,即如中古史,既述朝鲜、日本之开化,又述欧洲之封建时代,又述回教帝国、蒙古帝国,下至土耳其人之兴起等等,笼笼统统说一个大势,实过于浮泛,因力求精确和系统化。本书《编辑大意》第四条曾有这样的话:

> 本书编纂时,曾向正在中学读书之学生数人,征求其对于外国史教本意见,综其所述,多谓(一)外国史事实太复杂,教科书所述尤其凌乱,极不易得一系统概念;(二)教科书中所述事实,都过于简略空洞,阅时要有“没头没脑,不知从何说起之感”……

我因为欲矫正这些缺点,所以在编制方面略加计画,《大意》中说:

> 本书为避免叙述凌乱之弊,特将全书材料分配于二十章之内,上下册各得十章。务使同一时代或同一背景之史实,都包括于一章之下,使读者能于纷乱的史迹中得一有共同性的总概念……

下面另一条说:

惟更重要的，实为时代特点与背景的认识，若某一时代不能把捉其特点，则其事迹只如一盘散沙，绝不能了解……本书编辑时极力注意此点，每章或每节有代表一时代处，大都于篇首叙明此期特点……

我为达到这种目的起见，对材料的分配、安排和叙述方法，都极费斟酌。这种办法做好与否，是另一问题，不过要以没有系统叙述时代大势见责，实不敢拜领！

其次，第三点是说“本书对于世界人种之分布与外国史上之主要民族”亦不置一辞。这一点倒是真的。因为大纲中这一节我编时把他改为“人类的由来”，由人类的由来说到现代人类时字数已多，我本拟画一个“民族系统图”，以表示历史上的人种和民族，后不知何故未画成，致落此口实。

这是高中外国史不合标准的三点。

至于那部师范用的历史，不合标准共六点。

其一是未列“夏商之文化及三代之宗教”一节。按夏商文化，我曾就甲骨文及古书所载，推论夏初已用铜器，文字已发达，以及崇祀祖先、迷信占卜、知用干支等事，都有说明，至当时生活状况、奴隶制度等，更有专章叙述，不知部批何以竟说“都付阙如”。

其二是未述“中原文化之传布”。这一节教材大纲列在上古史的第六节，是春秋、战国间的事实，但始终不懂春秋、战国时代有什么“中原文化之传布”。按战国时代赵武灵王曾“胡服骑射”，应当是“胡人文化之传播”，后来统一六国，也是“秦人文化之传播”，不知所谓“中原文化之传播”，究指何事。那时固然有如申公巫臣把“车战”传入吴越一类的事实，但此等事例又绝少，似不便专列一章。我因为不懂，乃参考教部已经审定的教科书（高中本国史也有这一章），不料那几位先生很巧，他们叙述那时蛮、夷、戎、狄等都和中原民族混合，都服从了中原文化，即是中原文化之传播。这种讲法，既被审定，当然可知部意即是如此。但既然这样，蛮、夷、戎、狄与中原民族的混合，我在“中华民族之形成”章内，已详细叙述，为什么能说我没有述呢？

其三是未述“中西文化之融合”。这一节，大纲列在中古史第二十四节，系蒙古时代事。此事我虽未列专章，但对基督教和回教的传播、欧洲诸旅行家的东来以及火药的西传等事，都分别散见于各章，也并非没有叙述。

其四是未述“现代之教育学术经济”。我对现代学术曾列有“文学革命与思想革命”一章，而部批云“此种运动无编者所言之重要，亦不止胡适与陈独秀，无专列一章之必要”云云，审查人意见如此，所以说我未述。

此外是未述“中华民族发展之回顾”与“中国前途及对世界之责任”两节。此两节系结论，确未叙述，原因无他，只因字数超过预算已甚多，且觉这两节不过是空话，不述似亦无大妨碍。

以上是师范历史不合标准的六点。

总计这两部书不合标准的地方，纵然真的不合标准，但如外国史三条，无论怎样也都是结论，以全书二十余万字的正文没有不合标准，只结论三条即认为不合而不予审定，这个刑罚也未免太重了！至本国史各条，除结论两节外，亦都分别叙述，并非“阙如”，只是未列专章罢了。这样即认为不合，那部中的教材大纲，岂真是要人死板地遵照么？

（二）不予审定的第二个理由是“不合史实”，即是叙述错误，编历史书而把历史事实弄错，自然是最不可恕的。这两部书被指出的错误，都在外国史中。这些错误是什么呢？我可把他全举出来。

第一，我叙述古代亚述帝国时，谓提格拉斯第三（Tiglath Ⅲ）以后，“经其子查尔马尼沙及萨尔恭第二，势力逐渐扩张，吞灭犹太”。这一事两书的部批都说我错误，如云“本书误述历史之处颇多，其最著者如亚述王萨尔恭第二灭犹太”。此事我们不必繁征博引，即就最普通的威尔斯《世界史纲》来说，汉译本上册第一八七页：“提革拉毗色第三返国，沙马尼沙步其后尘，以色列密谋求救于已破裂之埃及，至纪元前七二一年国家为俘，其国遂永绝于史，犹太亦同受此厄运，然不久又得恢复。”当时犹太与以色列同为亚述所灭，我在亚述章内只说犹太，未及以色列，原是只为表明亚述势力，而且犹太名称较为普通，故只提及犹太。至以色列被灭和犹太的恢复的事，在犹太章内另有详述。审查人不知犹太亦被灭亡，遂以我为错误了。至犹太的被灭，《世界史纲》虽只提到查尔马尼沙，但事实上萨尔恭第二继之，荼毒犹太人更残，其石刻尚有于今，所以我将他两人并举。我述这件事是否错误，还请审查人再翻几本书看。

第二，我叙述亚力山大死后，其帝国分裂，“埃及为其将托力美所据，除埃及外，且领有小亚细亚沿岸地”。对此事，部批云：“托力美王国未尝领有小亚细亚沿岸地。”我不知审查人何以敢说这样肯定的话！汉译《世界史纲》上册第二八四页：“马其顿人曰托勒密者则取埃及，以亚力山大里亚为首都，建设势力充足之海军，领有塞浦路斯腓尼基及小亚细亚沿岸。”

第三，我在师范外国史中述，“哥仑布的至美洲系受西班牙商人资助”。当第一次修改时，部批谓“哥仑布未尝受商人资助”。我有指出根据汉译《世界史纲》下册六七〇页：“哥氏以保罗市数商人之助，始克造海船三艘……”于是最后不审定，仍然认为错误。

第四，我述美国独立时，谓“十三州联合起革命，发表《人权宣言》（Declaration of Rights）”。万不料这样一件简单事实，也成了不予审定的理由。部批除说我“不合实”外，又在书内批明，说是应为《独立宣言》。殊不知《人权宣言》是一七七四年九月第一次大陆会议后发表的，《独立宣言》是一七七六年决定独立后始发表的，我在书中明明是说一七七四年开大陆会议发表《人权宣言》，既和《独立宣言》无涉，而且这一件事实能说是错误么？

此外还有几点较小的，比方我述亚述灭亡，在公元前六〇六年，而两书部批皆要我改为六一二年，但我查数书，皆为六〇六年，亚述都城尼尼微的陷落实在是年。又如回教徒的上帝 allah，我译作“阿耳拉”，部批要我改作“阿拉”，其实这个译名我早已注意过，其字在亚拉伯原文，本由“al”（冠词）与“ilah”（上帝）两字合成，故应读作“阿耳拉”三音，而非“阿拉”。

不过虽然如此，也有三条是我的错误，尤其有一条太不应该。我叙述近世初年科学的发达时，说到哥白尼最初发见地球绕日，偶然联想到托洛密（Ptolemy），也未仔细考查，竟说托洛密首先发见地球绕日，人未致信，及哥白尼出，始更确实证明绕日事实云云。这一条错误太不应该，不过在编此二书以前数年，另编的一本初中外国史教科书确无此误，其上册页一六六说：“欧洲天文学虽发达甚早，然亦向主天动地静说，及十五世纪波兰人哥白尼始发见地球的绕日而行。”（大东书局书版）第二，还有一个错误，是说到英国撒克逊王爱德华在位时，诺曼底大公威廉侵入英国，与爱德华激战云云。其实激战的是爱德华的儿子，中间相差只几年，就未细考查，致弄出此误。第三，还有一点，是师范本国史说到最近国民政府修改不平等条约时，偶见《巴西条约》本于民国二十一年五月到期，但新约迄未订成，究因何故，遍查论文数篇，皆不能明了，因忆及那几年常见“巴玻战争”消息，或当系与玻利维亚战争关系，竟未去查，即如此写上，殊不料所谓“巴”，乃巴拉圭，而非巴西，致亦弄错。这几条错误，都是太不应该的。

以上两部书承部中指出的错误，老实说，我只能负责三条，其余五六条，实在是审查人的错误。我编书自然不应该有错误，承部中指示，我非常感激。我并不因审查人也有错误就失掉尊敬，不过我只是觉着，将近五十万言的两部书，若只有三条错误，或可邀人原谅，但蒙审查人将他自己的欠缺，也认成是我的错误，这个罪名就大了！我的书审定与否无权置辞，不过别人的错误要我承认，我却不敢领教！

（三）不予审定的另外几个理由，有"文字不通""详略失当""穿凿附会"等。这些罪名我不暇一一悉举了。如所谓"文字不通"，两书中直斥为不通的只有一处。师范外国史述"工业革命"时，谓英国因生产工具及技术方面都很幼稚，不能应付需要，故力求改良，下边有这样两句话："故对生产方面力求改良，从十八世纪中叶起，改良日有进步。"附此部批云："改良日有进步不通！"这句话如何不通，我迄今仍未明了。按这句话补足了应当是"改良的结果日有进步"，如今省去"的结果"三字，任何人亦能看的懂，为什么不通？实在须高明指教。所谓"详略失当"，我更疑惑审查人有故入人罪之嫌。比方我叙"六朝文化"，因篇幅过长，遂将佛教一项移入下章，和唐代佛教并述。这种情形审查人并非不知，但他偏要大书特书，说我"叙六朝文化而不述佛教"。你想"叙六朝文化而竟不述佛教"，这是多末大的一个罪名呢？此外更一点最可笑的，是我把"宋之统一"和"辽夏的兴起"列为一章叙述，而审查人批云，契丹之兴应在五代章内叙述，不应和宋代并述，以免时序颠倒、错乱之弊云云。殊不知这样叙述是万不得已的，五代十国和唐末藩镇自为一系统，简短的一课篇幅，绝无暇再插入契丹之兴，使稍有经验，应当略知。况且按课程标准的教材大纲，即系这样规定。大纲第十七节是"唐末方镇与五代十国”，第十八节是“契丹之兴及宋初之政治”，可见这两章正和课程标准相合，而审查人却说是我的不对！这样，我的不合课程标准地方，自然是不对，如今和课程标准相合了，也是不对！审查人究竟用的什么“标准”，我就莫明其妙了！

原载《新史地》1937 年

对中学历史课程标准的一点提议

历史知识在我国向来重视，旧日读书人历史知识准较其他知识丰富的多，现在固然不能和从前相比，从前普通所读的书，都直接、间接和历史有关，所以一个读书人，无论如何，历史知识准是有的。现在学校制度下，历史不过是许多科目中之一科，学生于有数的时间内，学习一点有数的教材，若欲求和旧日老先生们一样丰富的历史知识，似乎办不到，而且也不是必要的。不过历史知识终有历史知识的地位，一个健全的国民，所应具的历史知识，究竟该有多少和是些什么，自当有个标准。我们固然不应当以一个没用的书袋来衡量现在的学生，但也不应当过分容忍。近年以来有好多方面都以正确的眼光，感觉到中学生一般历史程度的低落，这自然是应当注意的。

按中学校一个阶段，就历史说，已经是最重要的。中学毕业后升入大学，若不专修历史科，即再无研究机会。照理论讲，一个人一生所能受到的历史知识，只有高初中六年的时期，过此以往或竟不允许补习，若在中学不能把历史知识基础做好，以后即无法再好，所以对中国历史课程教学诸端，实应特别注意，请求改良。按中学历史课程，其教学目标、教材内容及教学方法等项，教部颁行的课程标准中，都详密规定，通令遵行。而各级中学所用课本，亦都系各书局依照课程标准编定，呈由部中审查采用。所以中学历史知识，实完全以部颁课程标准做范畴，就这一点说，中学生历史程度的良否，和课程标准实首先有关系。教部课程标准编定时，原系集合教育专家，精密考虑，审慎编定，且现行标准，尤其是根据前此多年经验修改完成，其所以成现在形式，自有各种理由与原因，惟我个人近来偶然为友人所约，编了几本课本，对课程标准颇有一二意见，因为是和我们所欲改进的历史教学各端有关，所以把他提出来一说，是否有当，那我就不知道了。

首先，我觉着课程标准，对高中、初中教材内容，并未分别规定，对教学原理似乎不合，不知原来何以未注意此点。课程标准对教材内容，列有教材大纲，仿佛一本书的目录一样，于初中也把那几件应说的事列出，于高中也把那几件应说的事列出，其目录虽有的繁简不同，而有的像如去年颁行的师范学校（约当高中）和简易师范（约当初中）课程标准，其本国史教材大纲，高、初级直完全相同。窥部中原意，教材大纲或只略示内容范围，当教员讲授或编教科书时，自应按高、初中年龄程度的不同，为之分别深浅繁简。可是照教学理论讲，初中和高中适用的教材，应当全然不同，否则又何必有高级、初级的分别？这种不同似乎不能单以深浅繁简区分。况且教材内容既已规定好，即使叙述有深浅繁简，然低年级不能了解的事项，愈简单将愈不能了解，而另外一些事项在高年级愈繁了将愈不能发生兴趣。我们试以本国史上古史为例，教部所开的教材大纲如次：

上古史（初中）

（1）太古之传说

（2）中华民族之建国

（3）唐虞夏商之政教

（4）上古之文化与社会

(5)周之建国及其政教

(6)春秋战国

(7)周代之社会概况

(8)春秋战国之学术思想

(9)本期结论

上古史(高中)

(1)中华民族之起源

(2)太古之文化与社会

(3)唐虞之政治

(4)夏代之政教

(5)商代之政教

(6)周初之政治

(7)古代之封建制度

(8)中华民族之滋大

(9)春秋之霸业

(10)战国之七雄

(11)中原文化之广播与疆域之开拓

(12)春秋战国之学术思想

(13)春秋战国之政制改革

(14)上古之社会

从此高中较初中的大纲多了五节,似乎加详,然除加详外,其内容实际并无分别。如高中有"太古之文化与社会",初中也有"上古之文化与社会";高中有"中华民族之起源",初中也有"中华民族之建国";高中对唐、虞、夏、商之政教,分为三节叙述,初中不过并为一节,其为政教仍一;高中对周代应述"周初之政治""古代之封建制度"及"春秋战国之政治改革",而初中也是述"周初之建国及其政教”与“周代之社会概况”。如此高、初中教材并无何种区别，所谓高级、初级，不过是多五节与少五节的不同罢了！其实这是不应当的，假若高、初级教材内容不分别规定，那就以高级适用的教材教初中，初中不懂，以初级适用的教材教高中，高中不发生兴趣，实两有妨碍。

中国历史本是一篇糊涂账，原未经过正确方法整理，尤其从未经过教学上之试验抉择，何者适宜于某年级儿童，本无标准，然此层实应注意。课程标准正是绝好的试验器，倘能假定出一个标准来，就各年级试验，需图改进，岂非最善？这个“假定标准”，自然应先提出来讨论一翻。比方有些最普通的事，如朝代的名称，究竟应从那一级的学校开始来学；旧日史书上的术语，如“贞观之治”“永嘉之乱”“媲美成康”等等，在昔日是极普通的常识，但现在是不是应当照样介绍；现在一些新的发现和新的估定，究竟该怎样分配。像如这些，若无一定标准，只有的没的对各年级都尽量填进去，实非现行学校制度下所宜。

其次，高、初中教材既未分别规定，而且目录又大体一样，或竟完全一样，结果更有一种重大缺点，是把每一个节目下必应述的一些情节，在高中、在初中都反复叙述，使高、初中课本，即所学的东西，每一节下至少必有一部分完全雷同。这种情形倘同时从事编辑高中和初中两种课本，即可感觉到。比方历史上一些最普通的事实，如罗马帝国的成立，由凯撒至屋大维中间所经过的情节，但凡遇到罗马帝国的节目，自然需述及，但是这种情节，教科书为字数所限，无论高中、初中，都不允许过详细了，于是初中所述的也是极平凡的那几百字，高中所述的还是极平凡的那几百字，等到把这几百字的平凡情节叙述过了，已再无多的空间叙述他事，结果高、初中两种课本所述的，也就是高、初中两级学生所学的，竟是些内容完全一样(虽辞句上或多或少)的平凡材料,这简直是一种浪费！像如这种情形,几乎每个节目下都可遇到。最最平凡的,比方关于佛教的初创,释迦牟尼的姓名、生地、生卒年月、出家成道等等节目,几乎自天子以至于庶人,所学的都不过如此。因为我们看适用于大学的中外史,也必讲这一段;适用于小学的教本,讲到佛教,也是这一段;高、初两级中学,更不用说。其他对佛教的输入中国,汉明帝的梦,休屠王的祭天金人,或伊存口授浮屠经,以及这中间所引用梁任公的考证,都转相叙述,无论那一级学校的教材都不能去。这并不是因为教科书的编者浅陋,只知道这些事,别的就述不来,实在是因为照课程标准,无论高、初级,所遇到的正是同样的节目,又焉能不叙述？假使高、初中教科书的编者,普通都是一人担任,那还可以责成他自己将高、初中的界限划清,凡初中所述的,高中即不必述及,或很少述及,以便留出空间对本节目作进一步的叙述。但事实上,高、初中课本普通都是两个人编辑,他们中间自然不必经过联络、磋商,只有各按课程标准的节目,各自叙述必应有的材料好了,结果雷同、重复,不惟不能避免,而且是势所必然的。我们试取任何高、初级的教科书,对照一下,若把内容相同的部分去掉,下剩的实无几。这种情形的结果,在初中倒还罢了,吃亏的是高中,他们在初中学的是这一些东西,到了高中还是这一些东西,学来学去不过是这些东西,无怪乎中学生对历史不感兴趣,更无怪乎他们的历史知识有限了！

所以我以为高、初中教材应分别规定,不惟在教学原理上需要,且即为避免重复上,亦极需要。我以为历史课程标准应当是:

(一)按各级学生的年龄、兴趣、其理解能力所能接受的材料,分别规定教材;

(二)教材规定好后,凡低年级应详述的,到高年级即不再细讲,遇必要只略一提及，而为进一步的探讨，倘低年级不便详述只一提及的，到高年级即详细叙述；

（三）凡低年级已详细述过的教材，到高年级即不细述，或在教科书上列为问题或否，由教员随时询问，使加以复习。如此什么是旧知及新知，始厘然不紊，各级学生方能随年级的增加，其所学的亦增加起来。

（四）在初中和小学间，也如此规定，使相衔接，以造成一贯系统。

倘能这样严密规定教学，那就不惟在教学上有必要，即以普通论，对各级学校应具的历史知识程度，也可以明了，在各种考试上尤有便利。今假定小学、初中、高中的教材都划分开来，那末什么是小学应当知道的，什么是初中、高中应当知道的，一般人自能有了考核的标准，远不似今日的无政府状态，家长们随便问学生一件历史事实，学生答不出来，于是家长怪学校的先生不好，先生怪学生不用功，而学生又说书上并没有，怪来怪去，找不出负责的人来！

十月十二日

原载《教育杂志》1936年第26卷第1号

说老鼠

老鼠：鬼鬼祟祟的伎俩　不能不佩服它
脏猪：肥头大耳的神气　确实浑厚朴茂
臭虫：团团发光的体态　上帝造物杰作

从前在上海的时候，老鼠并不多，偶然听见老鼠出来啮东西，或者打架，那种“索索索”“吱吱吱”的声音，非常讨厌。有时起来拿手杖赶一赶，往往弄得几个钟头睡不着，尤其增加了对老鼠的憎恶。

那一年，到了贵阳，后来又到了重庆，才发见后方的老鼠特别多，多的简直无法无天！他们不止在夜晚，在白昼也公然活动。有时你正在吃饭，他们能偷偷在桌子底下拣东西吃；有时你刚刚离开座椅，他们马上跑到书桌上啃封好的信封。到了晚上，更是他们的世界，绝不怕人，你打开电灯，要找寻老鼠在啃你的什么东西时，你能发见箱子旁边正有两只眼睛在瞪你，你若吓唬他，他更把腰一拱，前爪一低，仿佛要搏击你的样子。我好几次为这种情势，弄得又好气又好笑，至于他们趁你睡觉时，到枕头旁边嗅一嗅，或偷偷爬到被头上突然跳起舞来，那更是经常的事了。

老鼠固然闹得厉害，但我不知从什么时候起，对老鼠的感情，忽然来了突变，开始觉着老鼠也很有趣，甚或可爱。我心理上的这种转变，我是确得的，因为经验告诉我，环境里边一切丑恶的、庸俗的东西，你不能讨厌他、憎恶他，也不能指摘他、批评他，如果这样，那人家就要怀疑你、敌视你，你不但不能批评、指摘，而且见了庸俗、丑恶的东西，还必须要赞美，说"多美丽呀""多高兴呀"，这样你才能在环境中安然处下去。我向来不主张学庄子，但拿上我们现在的环境，去认识庄子，那庄子实可同情，他们所以要"一小大，齐寿天"，当然也有不得不如此的苦衷。我自从对庄子有了这样的了解，我就学他的办法，凡见了丑恶的、庸俗的东西，我就来一个一百八十度的大转变，一律当作是美的、善的，以免和我的环境冲突。我用这个原则，对待我环境中可讨厌的一切。比方，在我们的门口，经常卧着那家的两口猪，每天出来进去，看见那种臃肿而龌龊的样子，你刚觉着讨厌时，猪就向你"哼，哼"，表示抗议。后来我为避免双方这种不快，就尽量在猪身上寻觅美点，终于觅着猪的那两扇耳朵大的有趣，尤其那一噘嘴，丰满而有力，配上两只小眼睛，吃东西的时候，鼻孔一扬，耳朵一摇，津津有味，旁若无人，那股神气，确实浑厚朴实，仿佛有赏鉴"麻姑仙境碑"的感觉。又如臭虫，你讨厌他么？但是那一团团微微发光的朱砂似的圆东西，在被上飞奔，我经常不忍心毁灭上帝这一件杰作。至于老鼠，那可爱的地方就更容易发见了，软绵绵一团毛球，可以变化，时而长时而圆，后边载着长长的尾巴，前边配着小而有光的眼睛和一掀一掀的尖嘴，全体构成的曲线，已够你赏鉴，又加以那末灵敏迅速的行动，鬼鬼祟祟、偷偷摸摸的伎俩，真使你不能不佩服他！

我的佩服老鼠，有一多半是出于我太太的介绍。我的太太，对于老鼠，不十分憎恨，也不喜欢，他只是设法对付。他几次提议要养一只猫，我很反对，因为猫也要喂东西吃，拿来养老鼠，岂不是一样？我固然也喜欢猫，但可喜欢的东西不可太多了，有老鼠满足喜欢也就足够了。我太太拗不过我，终于没有养猫，他只是用种种方法，设法对付，使老鼠失望，不再光顾。每天晚上终要把老鼠所能发生兴趣的一切东西，都收拾起来，于是我的一部洋装四史，经常被他拿来压菜锅，几本线装书也用来垫面缸，花生挂得高高的，浆糊虽然是很少的一点，也要拿碗扣起来。他的理论是，给老鼠吃一点点，就会呼朋唤友而来，所以必须坚壁清野。此外再一的方法，就是凡老鼠出入的地方，都要设法堵住。用这种方法，老鼠的确闹的差一点。不过有时老鼠被他饿得没办法，在米箱上拼命的啃，这时我太太必要赞叹地说，“老鼠是非常坚决而有恒心的，这箱子一定要被他啃开了”，于是起来赶，不料果然在三天或四天之后，米箱一定要咬出一个洞，我看了这种情形，着实感觉老鼠的可佩。还有，秘密藏起来的东西，多则两天，少则一天，老鼠准会寻了去，就简直不能想像他是怎么知道了的！

我对老鼠的看法转变，当然并非希望老鼠感激，老鼠仍照常和我捣乱。在平常，我只说：“啊！可怜的小动物啊！你们就是靠捣乱生活的，快向上帝求饶罢！”但是有一次的乱子可闹大了。那一年我从重庆经过贵阳到蓝田去，蓝田一位学心理学的朋友，打电托我从贵阳带两只白老鼠到蓝田，做心理实验用。那白老鼠真可爱，红红的眼睛，雪一般白的一身毛，如果把平常对老鼠的观感完全拿去，那白老鼠的确是可爱的。我太太也很喜欢，一路小心照护着。到了六寨，晚上突然听见老鼠大闹起来，我因为对老鼠的观点转变，向来听见他们的闹声，只当是催眠的音乐，更加酣睡。我太太初时也未理会，后来想起白老鼠，急忙点灯看时，一只大黑老鼠正在侵略白老鼠，一只白老鼠已负重伤，一只逃出笼外。我太太因为是友人之托，不顾一切，急用手捉那只白老鼠送到笼子里去，却被他尖锐的牙齿，在手指上咬出很深的两个洞。这个伤口，到了蓝田，大行发作，几乎弄出事来，一直医了两个月才好了。

我太太常同我讲，老鼠的啮纽扣、袜子、皮鞋等等，是关系人的命运的，运气好时他们不敢，运气不好就要来啮。我决不相信他这话，照他这样说，那老鼠岂不是要主宰世界了么？我决不相信。

原载《新闻周报》1947 年

编纂《山西近代革命史》计划

编纂《山西近代革命史》的目的，不仅仅在保存史料，而是要通过革命史的叙述，说明山西人民在封建地主、反动政府和帝国主义的三层压榨下所受的苦难，重新唤起山西人民对敌人的仇恨，继续激发其革命情绪，进而巩固党领导下的革命成果，为不断革命和不断胜利作基础。因此，《山西近代革命史》的内容，必须尽量揭露反动统治和帝国主义勾结，残酷压榨山西人民的罪恶，并揭穿其种种欺骗人民的反动政策以及山西人民的苦难，对反动统治的反抗运动和山西党的建立，领导山西人民的革命，对封建地主、官僚军阀和日本侵略者的斗争，以直至山西的解放。这样一部活生生的革命斗争史，是千万必要的。

不过，编纂革命史的目的，固然不在于保存史料，但保存革命史料，不致使其湮没，以永远供给人们的参考研究，也是必要的。因此，编纂的形式，应取多种多样的方式，即一方面系统叙述近代山西的革命史迹，一方面将有关革命的重要文献、人物事迹，也可分别编写成册，单行出版，因此拟编纂下列几种书籍：

（一）山西近代革命史——由辛亥革命起，至 1949 年山西解放止。

（二）山西近代革命史资料——这部分不妨稍为扩大点，可包含清末山西人民的革命斗争。材料应尽量选择原史料，如当时的文件，当时的报纸记录，当事人的信件、口述或笔记，事件发生地点的传说、遗迹等。这部分可按事或按人分别编纂，单行出版。这部分应编纂的或者很多，举例如下：

(1)山西农民起义事迹；

(2)帝国主义对山西的侵略；

(3)晋矿归公运动；

(4)山西的义和团；

(5)教会罪恶事略；

(6)山西辛亥革命纪事；

(7)阎锡山统治山西的罪恶史；

(8)山西土地分配状况；

(9)山西工业发达小史；

(10)太行山史话；

(11)高尚德、贺其颖等革命人事略等等。

编纂《山西近代革命史》需要的材料。

《山西近代革命史》需从辛亥革命述起，至 1949 年解放时止，共 38 年，应分三个阶段：其一，从 1911 年辛亥革命至 1921 年中国共产党的建立，为第一阶段；其二，从 1921 年至 1937 年抗战时止，为第二阶段；其三，从 1937 年至 1949 年解放时止，为第三个阶段。

兹就一般情况略举三个阶段中需要搜集的材料如下：

(一)从 1911 年至 1921 年

(1)辛亥革命的发生及其经过

——清末对山西腐败黑暗的统治怎样。

——同盟会在山西有什么组织，有些什么人参加。

——革命前有些什么布置，革命如何发生。

——革命的实况如何。阎锡山在当时究竟起了什么作用(这方面应着重分析清楚当时真正为革命活动的是些什么人，阎锡山如何窃取了革命果实，等等)。

——革命后有些什么新的措施。这一节不需太多,但须件件扼要。

(2)阎锡山对山西的统治

——形成阎锡山对山西统治的基础是什么。阎锡山如何巩固其对山西的统治。

——他在民国初年统治山西采取了些什么“愚民政策”(如利用孔教“自省堂”,“保境安民”等)。

——他对山西人民如何搜括压榨。他的官僚资本内容如何。

——他对帝国主义有些什么勾结。

对阎锡山的材料,宜着重搜集两种:其一,他对山西人民搜括剥削的实况和其官僚资本的内容;其二,他所采取的欺骗政策及其实质。材料宜着重这两项叙述,至于他的个人丑事和私生活等项,政治意义不大,不宜多占篇幅。

(3)帝国主义对山西的侵略

——民国初年帝国主义者如何支持阎锡山的统治,在山西有些什么新的侵略事迹。

——帝国主义者在山西经营的铁路、矿山、工厂等有些什么,及其搜括情况如何。

——教会在山西的活动及其罪恶情况如何。

(4)封建地主的剥削

——山西的土地分配状况如何。地主对农民剥削的实况如何。

——地主阶级所经营的商店、银行、当铺等的剥削情况。

(5)人民的苦况和反抗运动

——山西农民的生活苦况如何。

——有过些什么反帝、反教会、反阎锡山的运动。

(6)山西的“五四运动”

——“五四运动”在山西发生的经过如何。

——“五四运动”的资产阶级性质及其作用和影响如何。

——阎锡山对“五四运动”所持的对策如何。

——“五四”以后山西人民的思想起了些什么变化。

（二）从1921年到1937年

（1）中国共产党的建立和山西党及共青团（E. Y）的成立

——党建立后如何在山西发展组织，组织最初的情况如何。

——山西工人及青年学生热烈欢迎党组织的情况。

（2）在党领导下山西革命运动的发展

——大革命前有过些什么活动。结合国内历次惨案，活动情况和组织发展情况如何。

——大革命期中党在山西活动的情况如何。

——大革命后党在山西艰苦奋斗的情况如何。

（3）阎锡山和国民党对山西革命运动的镇压

——国民党在山西的组织及其活动情况如何。阎和国民党的矛盾及其自己的组织情况。

——阎和国民党如何疯狂镇压革命运动。

——阎锡山采取了些什么缓和阶级斗争的政策，这些政策的真相如何。“土地村公有”“按劳分配”以及“公道团”等等，造成些什么新的罪恶。

（4）山西人民苦难的加深

——在军阀混战下，在国民党的反动统治下，在阎锡山的野心支配下，在阎锡山种种欺骗人民的政策下，山西人民的苦难加深了，实况如何。阎和国民党蒋政权的明争暗斗情况如何。发生过那些事迹和在这中间人民所受的灾害怎样。

（三）从1937年到1949年

（1）日寇的侵入中国。

（2）八路军入山西的抗战。

(3)牺盟会的成立及其组织和活动。

(4)阎锡山虚伪的抗战及其和日寇的勾结。

(5)边区的建立及政策。

(6)日本帝国主义的失败和阎、蒋新的反动活动。

(7)解放战争和山西的解放。

此稿为山西省文史馆拟,1959年